Für alle Lebewesen

Padmasambhava - Guru Rinpoche

Der aus dem Lotus geborene (Padmasambhava), kostbare Lehrer (Guru Rinpoche) kam um 750 n. Chr. als Sohn des Königs Indrabodhi im Reich Uddiyana (heutiges Kashmir/ Pakistan) zur Welt. Der Sage nach soll der Regent den Knaben in einer Lotusblüte im Danakosha-See gefunden und adoptiert haben. Weil Padmasambhava den Sohn eines Ministers tötete, um dessen negatives *samsara* zu durchbrechen, wurde er vom Hofe verbannt. Als Novize und Mönch lernte er den Buddhismus und bekam schließlich als Schüler des großen Gelehrten Prabahasti die Ausbildung zum *Tantra*-Meister.

Wegen seiner außergewöhnlichen Fähigkeiten wurde Padmasambhava vom tibetischen König Trisong Detsen (755-797) eingeladen, um zur Stärkung des Buddhismus die Natur- und *Bön*-Geister zu besiegen. Er unterwarf sie und integrierte Teile des Glaubens, sodaß in Tibet das *Mahayana* um diesen Aspekt erweitert und das *Vajrayana* begründet wurde.

Padmasambhava legte drei Übertragungswege seiner Lehre fest: erstens die historische Linie mit mündlicher Weitergabe vom Lehrer an den Schüler; zweitens die direkte Linie, bei der wertvolle Schriftstücke wie zum Beispiel sein berühmtes Tibetisches Totenbuch versteckt wurden und zu gegebener Zeit von Auserwählten wiedergefunden werden; drittens die visionäre Linie, in der ein unmittelbarer geistiger Kontakt über Generationen hinweg vom Lehrer zum Schüler hergestellt wird, so wie es auch jetzt noch möglich ist.

Nach einer langen Schaffens- und Meditationszeit im Himalaya, die weit über das Leben des Königs Trisong Detsen hinausging, verabschiedete sich Guru Rinpoche vom tibetischen Volk und hinterließ viele Weissagungen, die später eintraten. Einen neuen Wirkungskreis wollte Padmasambhava in seinem alten Heimatland finden, aber ob er jemals dort ankam, ist nicht sicher belegt.

Padmasambhava

Nirvana...
und dann?

*Grundlegende Wahrheiten
für das neue Jahrtausend
von einem alten Meister*

aufgeschrieben von
Holger Herrmann

Kontakt/ E-mail: padmasambhava@web.de

Titelbild/ Rückseite: *Thangka* (Privatbesitz)

ISBN

Inhalt

Danksagung

Ohne die Unterstützung und tatkräftige Mithilfe vieler Menschen wäre dieses Buch nicht möglich gewesen. In unzähligen Diskussionen waren die verschieden ausgeprägten Charaktere und die mir gleichermaßen entgegengebrachte Warmherzigkeit ein unerschöpflicher Quell ständiger Inspiration. Dafür möchte ich meinen tief empfundenen Dank aussprechen.

Den großen Kreis der indirekt an diesem Werk beteiligten Personen kann ich hier zu meinem Bedauern leider nicht namentlich aufführen. Stellvertretend möchte ich meinen Freund Christoph (†2001) herausheben, der trotz eigener Probleme in seiner Güte zeitlebens ein offenes Ohr für meine Sorgen und Nöte hatte. Die Anderen bitte ich, mir die Nichterwähnung nachzusehen, ihnen allen ein herzliches Dankeschön!

Mein ganz spezieller Dank gilt besonders jenen, die direkten Anteil an dem vorliegenden Buch haben: bod/ Libri; allen Mithelfenden im Wat Suan Mokkh und Tan Dhammavidu; Lama Tenzin, Geshe Gendun Yonten, Dr. Yeshi Dorjee, dem Ehrwürdigen Lhakdor und Seiner Heiligkeit, dem 14. Dalai Lama; Karen Kold Wagner sowie Markus Hegemann; dem Yoga-Lehrer Michael Sitzer und der Hypnose-Lehrerin Dr. Susann Fiedler; Ortrun Stelling und Dr. Hortense Reintjens-Anwari; meinen Lektoren Monika und Klaus Timm sowie Heike Erfmann und natürlich meiner Familie.

Mein allerherzlichster, inniger Dank gilt zu guter Letzt meiner wunderbaren Freundin Lisa, die mit ihrer unermeßlichen Liebe und bedingungslosen Fürsorge mein jetziges Dasein reich beschenkt.

*In Wahrheit muß noch das erste menschliche Wesen
geboren werden, das jene zweite Haut nicht trägt,
die wir Egoismus nennen und die viel fester ist
als die andere, die bei dem kleinsten Anlaß blutet.*

José Saramago: Die Stadt der Blinden

Vorwort - Fragen

Warum soll ich ein Buch schreiben? Seit einigen Wochen lebe ich jetzt mit dieser und anderen neuen Fragen.

Ich habe an einem *Retreat* in Thailand teilgenommen und etwas Phantastisches ist dort mit mir passiert, das ich mir immer noch nicht ganz erklären kann.

Warum also ein Buch über meine neuen Einsichten? Schon wieder ein Buch zu Themen, die bereits zuhauf von berühmten Persönlichkeiten und unzähligen anderen Autoren behandelt worden sind.

Warum muß so etwas noch einmal veröffentlicht werden? Und noch dazu von jemandem, der zeitlebens eine ziemliche Aversion gegen das Schreiben hatte?

Warum, warum, warum - wie kindisch! Ich muß verrückt geworden sein! Doch es ist anders: meine Gedanken sind verrückt worden - auf eine andere Ebene. Ich muß diese unbegreiflichen Erlebnisse einfach erzählen.

Manches wird simpel, einiges banal erscheinen; aber die Wahrheit ist oft einfach, man muß sie nur erkennen! Ebenso muß ich meine Erfahrungen wahrheitsgetreu darstellen. Diese Geschichte kommt ohne Lügen aus.

Die Wahrheit aber wird für einige unangenehm sein und für andere zum Teil unvorstellbar und manchmal sogar unglaublich klingen. Mein „Turbo"-Meditationsweg und Padmasambhava waren es für mich anfangs auch.

Tatsache ist, daß es in jeder Zeitepoche Genies wie ihn gegeben hat, die Dinge erkannten oder einfach wußten, die erst später erklärbar oder gar real wurden.

Und wie ist es heute? Heute bricht durch die vielen Probleme in dieser Welt bei einigen Personen Hyperaktivität aus, aber die meisten Menschen hat die Krankheit Lethargie befallen. Sie ist wie Krebs und breitet sich unauffällig fortschreitend unter uns aus. Und wir haben diesen Krebs akzeptiert und die Erde damit an den Rand des Abgrunds gebracht.

Dieses Buch muß also geschrieben werden, um möglichst vielen Menschen zu helfen, unabhängig von Religion oder politischer Gesinnung Wahrheiten klarer zu erkennen. Mir wurde eine unvergleichlich schöne Einsicht in die wunderbare irdische Harmonie und die alles durchdringende Energie geschenkt, aus der sich viele Schlußfolgerungen ergeben. Eine ist jedoch vorrangig!

Unsere ganz persönlichen, individuell schönen Scheinwelten, in denen wir bequem zurückgezogen leben und daran festklammernd gefangen sind, müssen reduziert werden. Wir müssen endlich Handlungen in Gang setzen für ein sinnvolles, naturbewußtes, menschenwürdiges (Über-)Leben auf diesem Planeten.

Mein eigenes Leben begann 1955 in einer norddeutschen Großstadt. Ich kann mich noch vage an einige Trümmerberge des letzten Krieges erinnern, aber hauptsächlich wurde meine Kindheit durch Aufenthalte auf dem Bauernhof meiner Großeltern geprägt.

Hier in natürlicher Umgebung habe ich viele wichtige Erfahrungen gemacht. Ich lernte früh, was es bedeutet, von der Natur zu nehmen und dafür zu geben. Und obwohl wir Kinder davon ferngehalten wurden, erlebte ich auch, was es heißt zu töten: eine quälende Schlacht des Schlachters mit dem Schlachtvieh.

Bevor ich zur Schule kam, waren wir umgezogen an den Stadtrand und so hatte ich die geliebte Natur jetzt unmittelbar vor der Haustür. Später ging ich dann auf ein naturwissenschaftlich-neusprachliches Gymnasium und verbrachte meine freie Zeit gern mit Freunden. Aber wenn ich allein war, ging ich in die Natur.

Im anschließenden medizinischen Studium entdeckte ich nicht nur auf wissenschaftlicher Basis das andere Geschlecht. So hatte ich in diesem Lebensabschnitt kaum Interesse, mich mit gesellschaftlichen oder politischen Prozessen zu beschäftigen.

Dies änderte sich erst mit der Friedensbewegung Anfang der 80er Jahre und besonders nach dem Examen. Mit pazifistischen Gedanken ging ich zur Bundeswehr. Blauäugig und naiv, wie ich damals war, dachte ich, die helfenden Hände im Sanitätsbereich könnten Gutes bewirken. Aber durch die Zwangsjacke der engen, militärisch hierarchischen Strukturen wurde ich schnell eines Besseren belehrt.

In meiner anschließenden Praxistätigkeit fand ich zum Glück mehr Erfüllung und Anerkennung, erkannte aber im Laufe der Zeit einige nicht zu beantwortende Fragen. Nicht alles, was aus wissenschaftlicher Sicht erklärt werden sollte, konnte nachgewiesen werden.

Um weitere therapeutische Möglichkeiten kennenzulernen, habe ich mich dann mit der modernen klinischen Hypnose befaßt und dadurch einen wundervollen, neuen Zugang zum menschlichen Bewußtsein gefunden. Es ist einfach faszinierend und schön zu sehen, wie hilfreich es ist, Patienten in einer klar erlebten, kontrollierbaren *Trance* zu behandeln.

Im Privatleben habe ich mich in den letzten Jahren - bedingt durch Fragen zur Zeit - unter anderem mit dem Buddhismus beschäftigt, da er das Prinzip der Gewaltlosigkeit vertritt. Um einen besseren Einblick in diese Lebensphilosophie zu bekommen, unternehmen meine Freundin und ich zur Zeit eine Reise durch mehrere Länder, die entweder früher buddhistisch waren oder es jetzt noch sind.

Zum tieferen Verständnis soll auch die Erfahrung eines 10-tägigen *Retreats* beitragen und dazu werden wir ein so genanntes Waldkloster in Südthailand aufsuchen.

Die Weihnachtsfeiertage verbrachten wir zumeist badend und schnorchelnd in der wunderschönen Unterwasserwelt der Andamanensee und morgen soll es endlich losgehen. Beim Abendbummel fällt mir dann noch in einem der Traveller-Läden mit gebrauchten Büchern José Saramagos „Die Stadt der Blinden" in die Hände, das ich sofort eintausche.

Ich bin sehr gespannt auf dieses Werk des Literatur-Nobelpreisträgers, muß aber leider noch 14 Tage mit der Lektüre warten. Da ich weiß, daß während des *Retreats* nur das Lesen von Begleitmaterial erlaubt ist, wird auch dieses Buch mit den fürs Kloster ungeeigneten Sachen ganz unten im Rucksack verstaut.

Am Morgen des 30. Dezember hat das schöne Wetter der letzten Tage eine Auszeit genommen. Der Himmel ist grau und es sieht nach Regen aus. Laut Wetterstatistik soll der Nordost-Monsun zwar schon seit Mitte des Monats in dieser Gegend vorbei sein, aber auf welche Statistik ist schon Verlaß?

Wir rechnen mit ca. sieben Stunden angenehmer Busfahrt - im Gegensatz zu manch schlechten Erfahrungen, die wir bisher auf unserer Tour machen durften. Pünktlich um 10 Uhr steigen wir mit drei anderen Mitfahrenden in den 10sitzigen Minibus und diskutieren noch, wie viele Hotels wir wohl diesmal abklappern, um die restlichen fünf Passagiere abzuholen, als wir bemerken, daß der Bus schon die Stadtgrenze passiert hat. Um so besser: mit dem vielen Platz machen wir es uns richtig gemütlich und schauen in die unterschiedlich kräftigen Grüntöne der üppigen tropischen Vegetation.

Die ersten Regentropfen werden an der Windschutzscheibe sichtbar und ich merke, wie ich ins Grübeln verfalle. Was will ich eigentlich bei einem *Retreat*? Zehn Tage schweigen, sich nur mit sich, Meditation und Buddhismus beschäftigen - kann ich das denn überhaupt und was soll mir das bringen?

Vom Buddhismus weiß ich bisher, daß das ganze Leben von der Geburt bis zum Tod als leidvoller Weg angesehen wird und die Überwindung des Leids, *Nirvana*, die Erlösung, bedeutet. Es erscheint mir allerdings schwierig, ein zufriedenes, selbstbewußtes Leben zu führen, wenn man ständig an eigenes Leid denkt. Wie das wohl gehen soll? Bald bin ich hoffentlich schlauer...

Zur Zeit des Buddha - vor ca. 2500 Jahren - war es noch nicht üblich, Lehrreden mitzuschreiben. Mündliche Überlieferungen sind aber oft subjektiv gefärbt und so kam es bald zu Auslegungsschwierigkeiten, die auch bei dieser großen Glaubensgemeinschaft - genau wie im Christentum und anderen Religionen - zu verschiedenen Untergruppen führte. Es ist scheinbar überall dasselbe. Meinungsverschiedenheiten führen zu rechthaberischem Streit ohne echte Kompromißbereitschaft! Es würde gläubigen Menschen doch viel mehr helfen, wenn sie erleben könnten, daß diejenigen, die sich als „weiterentwickelt" bezeichnen, auch echte Vorbilder sind und sich einigen.

Hier in Thailand wird für mein Gefühl ein sehr strenger Buddhismus praktiziert. Ich habe erfahren, daß Nonnen und Mönchen sogar ein indirekter Kontakt mit dem anderen Geschlecht untersagt ist. Wenn eine Frau einem Mönch etwas geben möchte, darf er es nicht aus ihrer Hand annehmen, sie muß es erst einem anderen Mann geben!

Dabei wissen sie auch hier, daß in der Lehre des Buddha alles einander bedingt, voneinander abhängt, zusammengehört und im Grunde genommen eins ist. Wozu also dieser Purismus? Der Alltag sieht ja doch oft anders aus, wie ich bei Nonnen und Mönchen in den übervollen Bussen beobachten konnte. Sie boxten beim Aussteigen auch empört andersgeschlechtliche Menschen beiseite, die nicht rechtzeitig aus dem Weg springen konnten - wohin auch? -, um die Gasse freizumachen. In benachbarten Ländern wie Burma, Kambodscha oder Laos wird dieser *Theravada* genannte Buddhismus jedenfalls nicht ganz so eng ausgelegt. Ob sich diese Strenge negativ auf das *Retreat* auswirkt?

Hoffentlich ist die Umgebung wenigstens schön. Es soll ein ruhiges Waldkloster sein, damit die Meditationen und alles, was zur Besinnung beiträgt, von der Natur angeregt wird. Schließlich ist auch der Buddha unter einem Baum erleuchtet worden.

Erleuchtung, *Nirvana*, Meditation - schier endlose Gedanken und Zweifel über früher Gelesenes und das, was mich nun erwartet, ziehen durch meinen Kopf, als ich, wie aus einem Traum erwacht, um halb drei auf die Uhr schaue und draußen sehe, daß wir unser erstes Etappenziel in zwei Kilometern erreichen werden. Wie wir von dort weiterkommen, wissen wir noch nicht genau, aber wir sind sehr gut in der Zeit und werden schon einen Transport bekommen.

Bei einer Reiseagentur werden wir abgesetzt, erzählen der Inhaberin kurz, wohin wir wollen und sind froh über eine schöne Kaffeepause nach der einschläfernden Fahrt. Der dampfende Milchkaffee steht gerade vor uns, als draußen hupend ein Minibus hält, den die Agenturchefin per Handy erreicht hat. Er ist zwar schon mit elf Thailändern besetzt, nur bedeutet das hier nicht viel. Im strömenden Regen quetschen wir uns dazu und weiter geht's.

Bei uns wäre der Verkehr ob der Wassermassen längst zusammengebrochen, aber hier scheint es andere Scheibenwischer sowie Reifen zu geben, denn der Fahrer brettert unbeeindruckt mit 90 Stundenkilometern durch das 5 cm tiefe Wasser auf der Fahrbahn. Zum Glück wird der Regen langsam weniger und schon um halb vier werden wir im Trockenen direkt vorm Klostereingang abgesetzt. So schnell und reibungslos haben wir auf unserer bisherigen Reise noch keine derartige Entfernung zurückgelegt. Mich überkommt ein Gefühl, als würde ich von einem übermächtigen Strudel hierher gesogen.

Nach kurzem Suchen finden wir einen Wegweiser zur Informationshalle und werden dort von einem netten Mönch begrüßt. Er hat ein derart markantes Profil hat, daß ich unweigerlich an den Film 'Der Name der Rose' denken muß. Auf die Anmeldungsliste zum *Retreat* tragen wir uns als Nummern 95 und 96 ein und sind erstaunt über die hohe Anzahl der Teilnehmenden. Wir bekommen nun die Gast-Schlafsäle für Männer und Frauen gezeigt. Der Frauentrakt liegt im angegliederten Nonnenkloster.

Es beginnt wieder zu regnen und wer den Tropenwald kennt, weiß, wie düster und unheimlich er dann wirkt. Wir flüchten quasi noch einmal vors Eingangstor und gehen zu einem frühen Dinner in eine kleine, typisch thailändische Garküche. Untypisch sind allerdings die beiden Inhaberinnen, offensichtlich Schwestern Anfang 20, die uns gleich rührend umsorgen. Ihre mütterlichen Staturen sind beeindruckend: Bei einer ungefähren Körpergröße von 1,75 m bringt die eine ca. 200, die andere geschätzte 250 Pfund auf die Waage! Hier muß das Essen gut sein. Die beiden strahlen solch eine Fröhlichkeit und Gemütlichkeit aus, daß wir uns schnell wieder wohl fühlen. Im Kloster hätten wir sowieso nichts mehr bekommen. Es gibt abends um 18 Uhr nur noch Getränke, da die Mönche und Nonnen am Mittag die letzte Mahlzeit zu sich nehmen.

Gestärkt durch gutes *Phad Thai*, aber mit gemischten Gefühlen, beschließen wir, in den dunklen Wald zurück zu gehen. Er dampft geradezu durch die triefende Nässe und Moskitos umschwirren uns, als wir die neonerleuchtete Mensa für die ausländischen Gäste erreichen. Es ist ein nach allen Seiten offener Hallenbau, wie so viele Gebäude in den Tropen.

Der Tee entpuppt sich als Heißgetränk mit einem Geschmack wie geräuchertes Wasser, die zweite Wahl ist heiße Sojamilch, die ich auch nicht gerade berauschend finde. Alle waschen anschließend ihr Geschirr selber ab und wir verabschieden uns dann bis morgen zum Frühstück. Unsicher, wie wir uns auf dem

Klostergelände richtig zu verhalten haben, ohne Gutenachtkuß - ein zärtliches Streicheln der Wange muß genügen.

Vorm Männerschlafsaal steht ein riesiges Wasserbecken. Halbnackte Gestalten huschen durch die schwach beleuchtete Dunkelheit. Duschen heißt hier *Mandi*: mit einer großen Schöpfkelle wird Wasser aus dem Reservoir einfach über den Körper geschüttet. Dann einseifen - auch innerhalb der vorgeschriebenen Shorts, Nacktheit ist tabu - und wieder werden Schöpfkellen über den Körper gegossen, bemüht, nichts mit der Kelle zu berühren, damit das Wasser im Becken nicht ver- unreinigt wird.

Erfrischt durch das ca. 30 Grad warme Naß gehe ich bereits um 20 Uhr ins Bett, um mir in Ruhe eine an der Information ausgehändigte Broschüre über die Inhalte und das Verhalten während des *Retreats* durchzulesen. Das Bett ist innerhalb von fünf Minuten gemacht. Man schläft im Kloster auf dem Boden und hat eine Reisstrohmatte, eine Decke sowie einen Holzkeil als Kopfkissen zur Verfügung. Durch mein eigenes Bettlaken und ein mitgebrachtes Kissen versuche ich, den Liegekomfort zu erhöhen. Aber ich habe noch immer das Gefühl, als spüre ich je- den Knochen im direkten Kontakt mit den harten Teakbrettern. Durch dieses Gefühl für ein spartanisches Leben soll man also zur Erleuchtung gelangen können?

Ich sehe, wie einige Männer auf ihren Betten meditieren, andere machen Yoga, viele lesen und einer schnarcht bereits kräftig. Gesprochen wird kaum. Schließlich sind wir ja hier, um ab morgen abend zu schweigen. Nur zwei Amis tauschen ihre offensichtlich reichen Erfahrungen über Meditationszentren aus.

Ich widme mich also der Broschüre und lese den englischen Text aufmerksam durch. Der Initiator des *Retreats* wird mit seinen vielfältigen, aber einfachen Beweggründen zum Bau dieses Waldklosters genau beschrieben. Alles hört sich un- glaublich friedfertig und schön an. Die Kraft der hier praktizierten *Anapanasati* genannten Meditation soll allumfassend sein, denn durch sie wurde schon der Buddha erleuchtet.

Auf Seite 5 unten stockt mir dann allerdings bei einem Wort der Atem. Durch den Frieden und die Befreiung vom Selbst soll bei der Meditation als Ziel *coolness* erreicht werden. Das gibt's doch nicht! Ich habe schon immer eine ziemliche Aversion gegen diese coolen Typen gehabt und jetzt soll ich auch dazu gemacht werden? Der Dalai Lama und andere reden oft von der Warmherzigkeit, die man entwickeln soll. Und hier soll man *cool* werden?

Entrüstet muß ich mich erst einmal aufsetzen. Hilfesuchend blicke ich im Saal umher, aber außer dem Schnarcher neben mir ist alles ruhig. Einige wenige lesen noch, doch die meisten Männer scheinen schon zu schlafen. Ich fühle mich mit meiner Empörung allein gelassen, weiß aber, daß ich sie gut konservieren werde, um ihr morgen beim Frühstück mit meiner Freundin ordentlich Luft zu machen.

Mißmutig lese ich nun den Text zu Ende und mache in unserer Ecke das Licht aus, weil ich offenbar der Letzte bin. Mit der Taschenlampe geht es zurück ins Bett. Mein Geräusche produzierender Nachbar wälzt sich gerade in seinem Himalaya-Trekking-Daunenschlafsack raschelnd hin und her - bei der Hitze Daunen... - und schnarcht endlich weiter.

Ich würde auch liebend gerne einschlafen, aber mein aufgewühlter Geist gibt überhaupt keine Ruhe. Die protestierenden Fragen scheinen in meinem Kopf Achterbahn zu fahren. Worauf hast du dich da eingelassen? Was willst du hier? Etwa *cool* werden? Was soll das? Ist es woanders nicht viel schöner? Warum verplemperst du deine Zeit hier? Wozu meditieren, schweigen und nur bei sich sein in diesem dunklen Wald?

Ich versuche, mich zu beruhigen, sage mir, daß wir morgen früh umziehen ins Meditationszentrum zwei Kilometer entfernt. Vielleicht sieht es dort ja ganz anders aus. Hier hört man in der Stille der Natur jetzt deutlich den Verkehrslärm von der 200 m entfernten Straße. Jeder Schwerlaster scheint direkt hinter meinem Schnarcher vorbeizufahren, aber irgendwann nach Mitternacht hat er es endlich geschafft und mich doch mit seinem gleichmäßigen Rhythmus angesteckt.

Tag 0 - Natur pur

Um vier Uhr höre ich sofort den schönen Morgengong der Mönche - meinem leichten Schlaf entgeht auch hier nichts. Ich kann mich aber beruhigt noch mal umdrehen, da ich weiß, daß dieser Weckruf erst ab Tag 1 auch für uns gilt. Meine Knochen sind mit der harten Unterlage erstaunlich gut zurechtgekommen. Anscheinend habe ich ausreichend Winterspeck mitgebracht und schlafe schnell wieder ein.

Den Wecker habe ich sicherheitshalber auf sieben Uhr gestellt, allerdings kommt es nicht dazu, daß er klingelt. Auf diesem Teil des Waldklosters laufen mehr als fünfzig Hähne mit ihren Hennen umher und das entsprechende Heidenspektakel in der Morgendämmerung beendet definitiv jede Nachtruhe.

Es ist halb sieben. Der Daunenschlafsack neben mir ist bereits leer und ungefähr die Hälfte der Männer meditiert. Einige wenige sitzen kerzengerade wie der Buddha im sogenannten Lotussitz, die meisten aber im Schneidersitz oder Zwischenformen. Andere versuchen durch Yoga-Übungen, ihre Gelenke nach der harten Nacht wieder geschmeidig zu machen. Meine Knochen haben gut durchgehalten und ich habe erstaunlicherweise auch keine Verspannungen, als ich aufstehe.

Das einzige stille Örtchen ist zum Glück unbesetzt, nur ein Hauch von Zigarettenrauch schwebt noch in der Luft. Hier hat also jemand heimlich seinen Notdurftbeschleuniger durchgezogen. Im Kloster ist doch nur heiliger Rauch von Räucherstäbchen oder ähnlichem erlaubt.

Ich muß unmittelbar an die drei Grundvoraussetzungen für ein zufriedenes Leben denken: guter Stuhlgang, gutes Essen, guter Schlaf. Das hat zwar nur entfernt mit Buddhismus zu tun, war aber früher eine Lebensweisheit. Was wir heutzutage alles zum Glücklich- und Zufriedensein brauchen, diktiert uns hingegen die Werbung: die richtige Musik aus dem poppigsten Radiowecker, das zarteste Klopapier, das duftigste, vitalisierendste Duschgel, die frischeste Zahncreme, die beste Frühstücksmargarine, Marmelade, Zeitung - und so geht es den ganzen Tag weiter.

Daß Zufriedenheit einen inneren Prozeß des mit sich ins Reine kommen voraussetzt, wird von der Werbung verschwiegen. Die kleinen, Glück bringenden Helfer werden es schon richten.

Ein sehr schönes Beispiel dafür, wie es auch anders geht und selbst extreme Unzufriedenheit durch Meditation ins Gegenteil verkehrt werden kann, zeigt der auf dokumentarischen Begebenheiten basierende Film 'Doing Time - Doing Vipassana' über Mörder und andere Gefängnisinsassen in Indien.

Es kann also schon sinnvoll sein zu meditieren. Mit diesen Gedanken gehe ich doppelt erleichtert zum großen *Mandi*-Becken, um mich mit dem jetzt eiskalt erscheinenden Wasser fit für den Tag zu machen.

Heute ist Silvester, der große Tag für die Welt. Nach astronomischem Verständnis der richtige Millenniumswechsel und wir sind im Kloster und begeben uns hier an diesem Abend ins Schweigen. Was für ein Kontrast!

Zunächst steht jedoch viel Praktisches und Organisatorisches an: Zusammenpacken, Frühstücken und Umzug ins Meditationszentrum. Mit einem uralten, schrottreifen Laster, der nur Treckergeschwindigkeit schafft, werden wir bei strahlendem Sonnenschein die zwei Kilometer hinübergefahren.

Hier sieht es viel schöner aus. Die Bäume stehen weiter auseinander, wie in einer Parklandschaft, alles ist lichter und viel freundlicher.

Meine Empörung über die *coolness* ist auch verraucht, seit mir meine Freundin erklärt hat, daß es buddhistisch positiv im Sinne von Gelassenheit gemeint ist - *Nirvana* wird im Englischen oft mit *coolness* übersetzt.

Ich fühle mich auf einmal richtig euphorisch in dieser schönen Umgebung und denke, jetzt kann's losgehen. Aber der organisatorische Teil ist noch nicht beendet. Weiter geht es also mit definitiver Anmeldung, dem Ausfüllen des Fragebogens, einem klärenden Interview. Wir bezahlen umgerechnet DM 60,- für elf Tage Kursus, Vollpension und Unterkunft - ein Witz! Manche Traveller reisen sogar von Kloster zu Kloster, um Geld zu sparen...

Der Paß und die Wertsachen werden weggeschlossen, eine englischsprachige Meditationsanleitung ausgegeben, Zimmereinteilung, Aufgabenzuteilung (ich fege mit drei anderen die große Meditationshalle), Aussuchen eines Sitzplatzes in dieser Halle (ich belege unwissentlich auf der Männerseite genau den gleichen Platz wie meine Freundin bei den Frauen) und dann geht es endlich zu den Unterkünften.

Es sind geschlossene Karrees, bis auf einen Überbau am einzigen Zugang eingeschossig. Der Innenhof hat die Größe eines halben Fußballfeldes. Ein Säulengang umschließt ihn. Der

Sanitärbereich mit Toiletten und *Mandis* liegt an der kürzeren Seite gegenüber des Eingangs. Sechs weitere *Mandis* sind gleichmäßig am Gang verteilt. Die kleinen Einzelzimmer, besser Zellen, von 2,20 m mal 2,80 m haben jeweils nur ein Fenster und eine Tür zum Hof. Unterm Dach sind breite offene Schlitze gegen die Stauhitze eingearbeitet. Daher bekommen alle Teilnehmenden zu der spartanischen Bettausstattung ein Moskitonetz.

Mein Zimmernachbar zur Linken ist doch tatsächlich der Geräuscheproduzent von letzter Nacht und auf der anderen Seite wohnt ein zurückhaltender Typ, der einem amerikanischen Filmstar wie aus dem Gesicht geschnitten scheint.

Ich mache zuerst das Bett fertig, eine Betonpritsche mit Hartfaserplatte, spanne das Moskitonetz auf und stelle meinen schön bemalten thailändischen Papierschirm zum Nachtrocknen in eine Ecke. Schon hat das Zimmer etwas Gemütliches. Auch die Kleidung muß ganz ausgepackt werden, da durch den starken Regen einiges klamm geworden ist.

Die Zeit vergeht wie im Fluge. Um 20 nach 12 erklingt mehrmals ein einschmeichelnder, warmer Gongton und ruft zum Essen. Ich gehe am gleich aussehenden Frauentrakt nebenan vorbei und empfinde den spröden Charme einer in wunderschöne Natur eingebetteten Kasernenanlage.

Zum Mittag gibt es Reis mit zwei verschiedenen *Curries*, Salate, Bananen und zum Trinken das heiße Rauchwasser. Vor jeder Mahlzeit werden hier gemeinsam einige Gedanken über das Essen gesprochen. Sie besagen, daß man die Nahrung bewußt und nur zum Wohle des Körpers, nicht des Egos aufnimmt. Bis sich alle 130 Männer und Frauen etwas aufgefüllt haben, unterhalte ich mich mit meinem Tischnachbarn über Burma. Wir waren beide besonders beeindruckt, wie dort der Buddhismus trotz des allgegenwärtigen Militärregimes gelebt wird.

Nun ist es so weit, der Spruch ist dran und dann geht das Geklapper der Löffel in den Metallschalen los. Es will geübt sein, Sachen vom Rand abzunehmen, ohne daß Quietsch- oder Kratzgeräusche entstehen. Das Essen ist kräftig gewürzt, manchen Neuankömmlingen wohl zu scharf. Mir aber schmeckt es gut.

Nach dem Abwasch ist Freizeit bis zur offiziellen Begrüßung durch den Abt um 16 Uhr. Ich spreche mit einem anderen Deutschen, der wie ich auch Probleme mit den englischen buddhistischen Fachausdrücken hat. Da er gehört hat, daß es eine deutschsprachige Übersetzung der *Anapanasati*-Meditations-Anleitung geben soll, fragen wir im angegliederten Laden nach und bekommen jeder für DM 5,- ein hundert Seiten starkes Heft ausgehändigt. Wir sind überrascht über das Ausmaß, aber es enthält wesentlich mehr und neuere Texte als das englische Original. Glücklich ziehen wir von dannen.

Meine Freundin sagt, sie habe noch mit Zimmereinrichtung und Wäsche zu tun und so begebe ich mich erst einmal zur Mittagsruhe. Auf meinem Bett liegend, blättere ich in dem Heft und stelle fest, wie kompliziert sich die Fachausdrücke auch im Deutschen aneinanderreihen.

Die Meditationstechnik scheint recht einfach zu sein: der Atem und der Körper sollen bei der Einatmung sowie der Ausatmung konzentriert beobachtet werden. Was aber mit unseren Gedanken und dem Geist zu geschehen hat, sind für mich böhmische Dörfer. Es ist ein einziges Sammelsurium von Worten wie: bedingtes Entstehen, Zusammenbrauungen, Anhaftungen, Herzenstrübungen, Einspitzigkeit usw...

Wieder geht es letztendlich um *Nirvana* und ich muß an ein unfaßbares Erlebnis denken, das ich vor anderthalb Jahren nach dem Besuch eines tibetischen Mönchs im Range eines *Lamas* in unserem Hause hatte. Wir hatten ihn auf einer Urlaubsreise in *Dharamsala* kennengelernt und er war jetzt in Europa unterwegs. Er kam nur für einige Stunden zu Besuch.

Wir sprachen über unsere Familien, unsere Arbeit, unsere Pläne, nichts Besonderes also. Dann wollte er weiter ins tibetische Zentrum nach Hamburg. Ich ließ mir von der Auskunft die Telefonnummer geben und wurde mit dem dortigen Leiter, einem *Geshe*, verbunden. Die Verständigung auf Englisch war schwierig und so gab ich den Hörer gleich an unseren Besucher weiter. Der eine oder andere Lacher verriet mir, daß sie sich gut unterhielten. Der *Geshe* hatte gesagt, er könne sofort kommen. Es lag allerdings noch eine längere Bahnfahrt dazwischen. Wir brachten den Mönch also zum Zug, bezahlten das Ticket und vereinbarten, daß er anrufen werde, sobald er angekommen sei. Das müßte zwischen 20 und 21 Uhr sein.

Ich war bereits im Fernsehsessel eingeschlafen, als kurz vor Mitternacht das Telefon klingelte. Schlaftrunken bekam ich mit, daß unser Mönch reibungslos dorthin gelangt war und die ganze Zeit mit dem *Geshe* geplaudert hatte, bis ihm der Anruf wieder einfiel. Er bedauerte, daß es so spät geworden war, entschuldigte sich, wünschte mir alles Gute und eine angenehme Nachtruhe. Davon konnte allerdings nicht die Rede sein.

Nachdem ich anschließend sofort ins Bett gegangen war, fiel ich in einen unruhigen, leichten Schlaf und träumte andauernd von einem Telefongespräch mit unserem Mönch. Nur war die Übertragungsqualität leider so schlecht, daß ich ihn nicht verstehen konnte. Ich hatte unser mobiles Haustelefon am Ohr und offensichtlich war der Akku fast leer. Es dauerte ziemlich lange, bis ich auf die Idee kam, ans stationäre Gerät zu gehen und da endlich verstand ich seine Mitteilung - ich weiß bis heute leider nicht, was.

Als ich kurz darauf erleichtert wach wurde, war es halb drei. Ich schlief endlich tief ein, aber auf einmal merkte ich, wie in meinem rechten Auge ein ungeheuer starkes, weißliches Licht entstand. Das Auge drohte zu explodieren von dem Druck. Also mußte ich es öffnen und das Licht herauslassen.

Und dann sah ich es, das im wahrsten Sinne des Wortes Unfaßbare, das Unbegreifliche, was man sonst nicht sehen kann.

Mein Blick war wie ein Röntgenblick. Ich sah alles um mich herum sozusagen entmaterialisiert und nur im energetischen Zustand. Ich konnte durch die geschlossenen Schranktüren die Kleidung sehen, durch die Kleidung die Wand, durch die Wand nach draußen auf den Baum, durch den Baum in die Landschaft. Es waren unglaublich schöne, helle Farbtöne, in denen die Dinge leuchteten, schillerten, milchigen Seifenblasen im Sonnenlicht ähnlich. Noch nie hatte ich so etwas unbeschreiblich Schönes gesehen, tausendmal schöner als das *Taj Mahal* im Morgen-, Mittags- und Abendlicht zusammen!

Ich bekam unweigerlich unheimliche Angst, denn ich wußte, daß man vorm Tod oder im *Nirvana*-Übergang auch weiße und schöne Lichtphänomene haben soll. Ich faßte zu meinem Herzen und fühlte den normalen Pulsschlag, auch die Atmung war normal. Die Zeiger der Uhr konnte ich auf halb vier stehen sehen, aber auch sie waren wie alles strahlend durchsichtig.

Ich merkte, wie viel Energie mich dieses Licht kostete und mich erschöpfte. Daher begann ich, das Auge langsam wieder zu schließen und es ging. Jetzt, nachdem das weiße Licht herausgelassen war, wurde der Druck weniger und das Phänomen verblaßte. Als ich das Auge wieder ganz geschlossen hatte, war das Licht weg und ich schlief wohl sofort ein.

Seitdem habe ich diese tollen Bilder jederzeit vor meinem inneren Auge parat. Das Phänomen war bisher einmalig, aber wenn man die Dinge so in einem dermaßen anderen Licht gesehen hat, dann vergißt man das sein ganzes Leben nicht.

Erst ein halbes Jahr später hatte ich Gelegenheit, einen weiteren tibetischen *Geshe* über das Geschehene zu befragen. Er meinte, so etwas ist bei höher entwickelten Mönchen in der Meditation durchaus üblich und er selber hätte dieses Phänomen auch schon einige Male gehabt. Das kann doch nur bedeuten, daß unser Auge eine Art Multifunktionsgerät ist. Allein unser Gehirn diktiert uns, was wir sehen sollen, damit es in die kollektiv vorgegebenen Normen paßt.

Wie weit unser Bewußtsein zudem manipulierbar ist und wir das sehen, was wir sehen wollen, kennen wir von Fata Morganas oder Zauberern, Magiern, Illusionisten. Sie spiegeln uns eine nicht existente Wirklichkeit vor und bedienen sich dabei durchaus auch hypnotischer Techniken.

Die immense Kraft unserer Gedanken und unseres Geistes zur Suggestion ist einfach unvorstellbar. Und durch die Meditation sollen wir jetzt einen Zugang zu dieser Kraft, dieser Energie in uns bekommen? Ich bin gespannt, wie weit das möglich ist.

Kurz vor 16 Uhr erklingt der schöne Gong wieder und es ist Zeit, zur großen Meditationshalle zu gehen. Es wird noch viel getuschelt und durch das Verschieben der Kissen entstehen leise Scharrgeräusche auf dem Betonfußboden. Einige suchen anscheinend noch die beste Sitzposition. Eine erwartungsvolle Spannung liegt in der Luft. Der Leiter des Klosters kommt gemessenen Schrittes auf uns zu, eine würdevolle, stattliche Erscheinung. Er nimmt seine Sitzposition ein, betätigt eine kleine Glocke, sammelt sich eine halbe Minute - wir sollen es natürlich ebenfalls tun -, betätigt wieder die Glocke und dann beginnt er mit seiner Begrüßung auf Englisch.

Aber halt, ist das Englisch? Viele schauen sich verdutzt an, weil sie offensichtlich genau so wenig verstehen wie ich. Wir haben auf unserer Reise schon Erfahrungen mit dem thailändischen Akzent gemacht: r wird zu l, l wird zu n, halbe Wörter sind weg, weil die Endungen verschluckt werden... Aber jetzt fehlen dem „Englisch" wohl auch noch die Artikel und Präpositionen. Außerdem muß nach jedem Konsonanten offensichtlich erst einmal ein Vokal eingefügt werden, so daß Wörter mit aufeinanderfolgenden Konsonanten völlig verzerrt klingen.

Das wird allerdings sehr gewöhnungsbedürftig sein und auf Dauer anstrengend werden; denn ich weiß, wir werden zweimal am Tag Unterricht bei dem Abt haben.

So weit ich ihn verstehen kann, freut er sich über die große Teilnehmerzahl an diesem besonderen Datum. Daß eine *sangha* von 130 *dhamma*-Interessierten schweigend ins neue Millennium geht, hatte er nicht erwartet. Er war zu Weihnachten bei seinem kranken Vater gewesen und hatte so viel *dukkha* - Leid - erlebt. Nicht nur zu Hause, er sprach auch von den Toten im Straßenverkehr und was alles Schreckliches im Fernsehen zu sehen war. Und die laute Knallerei schon lange vor Silvester gefällt ihm überhaupt nicht. Da freut er sich mit uns auf die Ruhe hier und verspricht uns, daß wir mit diesem *Retreat* das Beste von Thailand erhalten werden. Es ertönt wieder die kleine Glocke und dann entfernt sich der Abt bedächtig.

Ich versuche, meine im Schneidersitz gekreuzten Beine wieder zu lockern, denn jetzt ist Spazierengehen angesagt. Wir bekommen von zwei Assistenten das ganze Gelände gezeigt und erklärt, wo was stattfindet. Es gibt eine geschlossene und zwei große, offene Säulenhallen für Yoga, Belehrungen und Meditation. In einem Palmengarten liegen die drei Schlafgebäude für Frauen, Männer und Assistenten. Die Essenshalle mit angegliedertem Laden und Verwaltung befindet sich neben der Zufahrt. Außerdem sind zwei kleine Gästehäuser für besondere Anlässe und vier Pavillons locker auf dem Areal verteilt.

Obwohl es zum Teil große Betonbauten sind, fügen sie sich gut ins Gelände ein. Und die Natur ist einfach überwältigend. Es gibt Wiesen, lichte Wälder mit ganz verschiedenen Büschen und Bäumen, Teiche mit regenbogenfarbenen Fischen, Bäche und sogar heiße Quellen in der Nähe, von denen das Wasser zum Baden in zwei Pools auf das Gelände geleitet wird. Alle sind begeistert und die gute Stimmung wertet sogar die langweiligen Heißgetränke um 18 Uhr noch etwas auf.

Bis zum letzten Vortrag vorm Beginn des Schweigens ist noch etwas Zeit und ich möchte mich für die nächsten zehn Tage von meiner Freundin verabschieden und ihr alles Gute wünschen. Die letzten 23 Silvester haben wir uns um Mitternacht immer in den Armen gehalten und ein schönes neues Jahr miteinander gewünscht. Das ist jetzt zum ersten Mal nach so langer Zeit nicht möglich. Sie bedauert es sehr, mir sind diese Rituale nicht ganz so wichtig. Wegen der Unsicherheit, was hier erlaubt ist, bleibt es bei der gleichen Verabschiedung wie gestern.

Wieder ertönt der Gong und um 19 Uhr beginnt das Einführungsgespräch mit der Assistentin. Sie erklärt noch einmal alles, was wir schon schriftlich zur Orientierung erhalten haben: die Verhaltensregeln, sowohl im schweigenden Umgang miteinander als auch im Umgang mit der Natur; Kleidervorschriften und Hinweise für Meditation, Yoga sowie Baden in den heißen Pools; das Verhalten beim Essen, bei den übernommenen Diensten und vieles andere mehr.

Dann kommt unser Tagesplan an die Reihe. Er ist für die Tage 1 - 8 identisch:

4:00	Wecken
4:30	Lesung
4:45	Sitzmeditation
5:30	Yoga
7:00	*Anapanasati*-Unterricht
8:00	Frühstück, anschließend Dienste
10:00	*Dhamma*-Belehrung
11:00	Gehmeditation
11:30	Sitzmeditation
12:00	Geh-, Stehmeditation
12:30	Mittagessen
14:30	*Anapanasati*-Unterricht
15:30	Gehmeditation
16:00	Sitzmeditation
16:30	Geh-, Stehmeditation
17:00	*Chanting*
17:45	*Metta*-Meditation
18:00	Heißgetränk
19:30	Vortrag
20:00	Gruppen-Gehmeditation
20:30	Sitzmeditation
21:00	Ende
22:00	Licht aus

Der Ablauf der Tage 9 und 10 wird später bekannt gegeben. Wer noch etwas wissen möchte, hat jetzt die letzte Gelegenheit zum Sprechen für die nächsten anderthalb Wochen. Danach sind nur schriftliche Fragen zulässig oder in besonderen Fällen Kurzinterviews zur Meditation. Es gibt kaum noch Unklarheiten: eine Mutter fragt nach telefonischer Erreichbarkeit im Notfall - dies geht nur über das Hauptkloster -, alles andere sind Belanglosigkeiten.

Und nun beginnt also das Schweigen. Wie von Geisterhand entsteht eine achtsame Atmosphäre und eine fast unheimliche Ruhe. Alle sind ob der Stille bemüht, beim Aufstehen so wenig Geräusche wie möglich zu machen und auch der Gang zu den Schlafräumen wird dadurch behutsamer. An einem Silvestertag Ruhe zu finden, ist aber auch hier nicht uneingeschränkt möglich, denn aus der Umgebung dringen immer mehr Knaller und Kracher zu uns durch.

Als ich dann um halb zehn im Bett liege, kommen aus der Nachbarzelle schon die erwarteten Nebengeräusche hinzu, aber irgendwie stört mich das alles überhaupt nicht. Die Anspannung der letzten Tage, bedingt durch die Ungewißheit, hat sich offenbar gelegt. Auch meine neugierigen Freunde, die Fragen, lassen mich heute abend endlich in Ruhe. Entspannt schlafe ich recht schnell ein.

Tag 1 - Sitzprobleme

Ich will es einfach nicht wahr haben, dieses Geräusch. Es klingt so schön, aber ist doch im Moment so grausam. Nach der ziemlich kurzen letzten Nacht wollte ich in dieser einiges nachholen und das soll jetzt schon vorbei sein? Nein, ich drehe mich noch mal um; aber fünf Minuten später ist es wieder da. Also versuche ich, das Ganze positiv zu sehen: mit so einem wundervollen Gong das neue Millennium (es ist der 01.01.01!) zu beginnen, das ist nur wenigen vergönnt. In Deutschland ist es jetzt noch nicht einmal Mitternacht und die Freunde zu Hause warten noch auf den großen Moment.

Etwas schwerfällig komme ich langsam hoch - so ganz hat sich der Körper noch nicht an die Betonliege gewöhnt. Es ist bereits 10 nach 4: jetzt aber hurtig! Morgentoilette im Eiltempo, weite Klamotten für Yoga anziehen und dann ab zur Medihalle. Trotz der Hast bin ich bemüht, auf dem Sand-Kiesweg möglichst leise zu gehen. Es ist schon kurz vor halb; aber zu meiner Beruhigung sehe ich auch noch andere dunkle Gestalten auf das Gebäude zustreben.

Die Vorleserin des ersten Morgentextes wartet bereits mit dem Mikrofon vor der Nase. Als die letzten zur Ruhe gekommen sind, betätigt sie die kleine Glocke und beginnt mit „Listening" von *Krishnamurti.*

Ich bin derart fasziniert von dem schönen Klang und der Brillanz ihrer Stimme, daß ich von dem Text überhaupt nichts mitbekomme. Dabei geht es doch gerade ums Zuhören, darum, daß man den Kopf frei hat und der Person, die etwas mitteilt, seine uneingeschränkte Aufmerksamkeit zuteil werden läßt.

Also volle Konzentration auf die Vorlesende. Aber wenn ich sie so ansehe, denke ich: warum hat sie sich bloß den Kopf kahl scheren lassen? Bei Männern habe ich mich mittlerweile daran gewöhnt. Aber Frauen ohne Haupthaar sehen irgendwie unvollkommen aus - und schon bin ich wieder abgelenkt. Nun versuche ich es, indem ich die Augen schließe, merke aber schnell, wie der Körper auf Müdigkeit umschaltet. Das hilft also auch nicht weiter.

Beim Betrachten einer großen Kerze neben der Sprecherin fühle ich dann eine gewisse Beruhigung. Während ich in die flackernde Flamme blicke, dringt immer mehr von dem stimmigen Text in das Empfangszentrum meines Hirns vor, das dann fast automatisch das englisch Gesprochene ins Deutsche übersetzt. So kann ich wenigstens den Rest des Vorgetragenen verstehen und habe gleich die allererste Lektion des Tages anschaulich gelernt.

Die folgende erste Meditation des *Retreats* wird mangels Unterricht noch von einer Assistentin angeleitet; aber da ich bereits ca. zwanzig Minuten unbeweglich im Schneidersitz gesessen habe, fangen meine Gelenke an zu protestieren. Es beginnt mit Knieschmerzen, dann sind die Füße dran und zum Schluß tut auch noch der Rücken weh. An Meditation ist dabei nicht zu denken.

Behutsam versuche ich in den nächsten Minuten, die Sitzposition zu verbessern und merke, daß es meinem Nachbarn zur Rechten wohl genauso geht. Als er dann die Beine nach vorne aufstellt, mache ich es ihm erleichtert nach. Die Füße ganz nach vorne zu strecken und damit jemandem die Sohlen zu zeigen, ist in Thailand eine Beleidigung. Aber auch das Aufsetzen vor dem Körper hilft den Gelenken und zum Glück geht es gleich mit Yoga weiter. Das wird den Bewegungsapparat wieder in Schwung bringen.

Einer der Teilnehmer ist Yogalehrer und hat sich bereit erklärt, mit den Männern zu üben. Da ich es die letzten Jahrzehnte allerdings mit Winston Churchill gehalten habe ("no sports"), bin ich gespannt, was auf mich zukommt. Die Übungsfolge beginnt einfach und steigert sich allmählich. Bis zur Hälfte komme ich noch mit, dann muß ich leider meiner Steifheit Tribut zollen und kann die Figuren nur mehr unvollständig mitmachen. Trotzdem hat es mir Spaß gemacht zu sehen, was mein Körper überhaupt noch drauf hat.

Zum ersten Mal heute wird mir das Schweigen eindeutig bewußt. Nach so viel Energiearbeit würde jetzt bestimmt viel gequatscht. Hier jedoch ist die *sangha* still und ruhig und wartet andächtig auf den Sonnenaufgang. Die Dunstschichten nach dem Monsun sind allerdings recht dick, so daß wir die Sonne immer noch nicht sehen können, als um kurz vor sieben Uhr der Abt zur ersten Unterrichtsstunde erscheint.

Die Erfahrung vom „Listening" im Ohr, versuche ich, mich nicht von seinem Kauderwelsch ablenken zu lassen, sondern den Sinn dahinter zu verstehen. Wieder bedauert er das viele unnötige *dukkha* der Feiertage - auch Silvester hatte es mehrere Tote gegeben - und empfindet *sukkha,* Freude, über unsere Entscheidung, das neue Millennium hier zu beginnen.

Dann kommt er zum Kern: *Anapanasati. Anapana* heißt Ein- und Ausatmen, *sati* meint Achtsamkeit, Geistesgegenwart. Der Buddha hat es so gelehrt: wenn man mit der entsprechenden Achtsamkeit ein- und ausatmet, kann man wie er selber *Nirvana* erreichen. Hierfür hat er einen 4x4-stufigen Meditationsweg vorgegeben: Tetrade 1-4 betrifft Atmung und Geist, 5-8 Gefühle und Geist, 9-12 Anhaftung und Geist, 13-16 Vergänglichkeit und Geist.

Wir sollen zu Beginn erst einmal gleichmäßiges Ein- und Ausatmen üben, den Atem möglichst von der Nasenspitze zum Bauchnabel und retour verfolgen sowie eventuelle körperliche und geistige Veränderungen registrieren. Und das alles in Meditationshaltung - ganz schön viel für den Anfang.

Der Unterricht hat bis jetzt 25 Minuten gedauert und uns verbleiben noch 20 Minuten zum Üben. Ich habe der Rede des

Abtes vorsorglich in der Sitzhaltung mit aufgestellten Füßen gelauscht und wechsele nun in den Schneidersitz. Mein Allerwertester war jedoch unmerklich eingeschlafen und so gibt es schon wieder Haltungsprobleme, die stark von der versuchten Meditation ablenken. Ich bemühe mich, gleichmäßig zu atmen und die Luftströme in meinem Körper zu betrachten. Aber der Geist ist offensichtlich voll und ganz mit der Betrachtung der Druckschmerzen am Gesäß beschäftigt.

Also muß ich das kleine Sitzkissen wieder vorsichtig hin und her rücken bis mehr Gewicht auf dem oberen Teil der Schenkel ruht. Im Gleichtakt verrinnen Zeit und Atem. Für zwei kurze Momente habe ich das Gefühl, den Atem wirklich zu spüren. Dann kommt die Glocke und das war's. Naja, es ist noch kein Meister vom Himmel gefallen, schon gar nicht beim Meditieren. Nun freue ich mich, nach fast vier Stunden „Arbeit", auf das Frühstück.

Wie üblich morgens gibt es Reissuppe, Salate, Obst und Tee. Auch hier beim Essen empfinde ich das Schweigen als sehr angenehm. Alles ist so ruhig und friedvoll.

Allerdings eilt jetzt die Assistentin im Stechschritt durch den Saal. Erbarmungslos quietscht der wasserlösliche Filzstift an der Tafel auf: einige Namen fehlen immer noch auf der Liste mit den Arbeitsverpflichtungen.

Nach Frühstück und Abwasch schlendere ich zur Medihalle zurück und finde dort bereits eine Dienstpartnerin vor. Alle Teilnehmenden wurden mehrfach darauf hingewiesen, vorm Frühstück ihre Sitzkissen beiseite zu legen, um das Fegen zu erleichtern. Aber auch Vergeßlichkeit ist eine menschliche Zier. Wir räumen also erst einmal den Saal und beginnen mit der Reinigung. Als die anderen beiden eintrudeln, stellen wir fest, daß es praktischerweise drei Besen für vier Diensttuende gibt und somit wird die zuerst Dagewesene in die verdiente Morgenruhe entlassen. Bald sind auch wir anderen fertig und mir verbleiben anderthalb Stunden bis zur ersten *dhamma*-Belehrung.

Ich fühle mich nach dem Essen - wegen der Wärme und der vorletzten Nacht - hundemüde, schaffe es gerade noch ins Bett und schlafe augenblicklich ein. Hätte ich mir doch bloß die verschwitzten Yoga-Klamotten ausgezogen! Als ich eine gute Stunde später aufwache, verspüre ich einen ziemlich strengen Geruch in der Nase. Der Gong ruft schon wieder und wieder muß ich mich im Eiltempo frisch machen. Das muß anders werden. In letzter Sekunde erreiche ich die Halle.

Der Lehrer kommt bereits mit langen wiegenden Schritten auf sie zu. In seiner orangefarbenen Robe und mit kahl geschorenem Kopf sieht er aus wie andere Mönche hier; aber bei genauerer Betrachtung erkennt man die nichtasiatische Herkunft. Er erzählt, daß er Engländer ist und vor einigen Jahren als buddhistischer Mönch des *Theravada* ordiniert wurde.

In dieser ersten Stunde soll es um die Lehre - *dhamma* - selber gehen, damit wir wissen, was wir hier tun. Wie die meisten asiatischen Wörter hat *dhamma* mehrere Bedeutungen. Für den buddhistischen Weg hat sich die folgende Interpretation durchgesetzt: „die Naturgeheimnisse, die verstanden werden müssen, um das Leben zum höchstmöglichen Nutzen zu entwickeln". Nur wenn man das Geheimnis, die Beschaffenheit, die Bedingung hinter dem jeweiligen Etwas erkennt und es dann auch begriffen hat, ist man in der Lage, die Natur und somit das Leben zu verstehen. Nur wenn man die Natur und das Leben verstanden hat, kann man den höchstmöglichen Nutzen daraus ziehen und die höchstmögliche Entwicklungsstufe erreichen.

Da die Atmung ein Geheimnis unseres Lebens ist - keine Atmung bedeutet Tod, bedeutet kein Leben -, ist es ein guter Weg, durch die *Anapanasati*-Meditation dieses Geheimnis zu ergründen. Und da der Buddha voraussetzt, daß in der Natur und dem Leben nichts für sich existiert, sondern alles zusammenhängt, miteinander verbunden ist und sich bedingt, so daß alles eins ist, kommt man nach Kenntnis dieses Geheimnisses fast automatisch auch hinter andere.

Als ich das höre, fällt mir sofort meine Lieblingsfrage ein: Wenn wirklich alles eins ist im Buddhismus und jemand wird erleuchtet, warum sind wir dann nicht alle erleuchtet? Worauf meine Freundin zu antworten pflegt: Wir sind doch alle erleuchtet und merken es bloß nicht!

Nach so viel Theorie gibt es zum Schluß noch praktische Tipps. Der englische Mönch erklärt die verschiedenen Sitzpositionen bei der Meditation und ein Assistent macht sie vor. Wir bekommen drei Kniesitze und fünf Möglichkeiten mit gekreuzten Beinen gezeigt. Den Lotussitz, die schwierigste Haltung, schaffen nur einige Teilnehmende und wir erfahren, daß er besonders gut für Langzeitmeditationen ist, weil ein Mönch aus dieser Position nicht umfällt, selbst wenn er versehentlich mal einschläft. Auch Geh- und Stehmeditation werden kurz erklärt. Hierbei hat man ziemlich viele, freie Gestaltungsmöglichkeiten. Wichtig ist nur, daß man genügend Achtsamkeit walten läßt.

Bis zum Mittagessen ist nun Zeit, das Gehörte und Gezeigte in die Tat umzusetzen: drei halbstündige Meditationsübungen liegen vor uns. Ich suche mir ein Plätzchen zwischen zwei Kokospalmen, um dort Gehmeditation zu üben. Ähnlich wie beim Yoga sollte auch hierbei Atmung und Bewegung koordiniert sein. Einatmen - Fuß heben, Ausatmen - Fuß setzen, das ergibt bei meiner langsamen Atemfrequenz eine ziemlich schleichende Fortbewegung. Aber das stört hier ja niemanden.

Unwillkürlich beobachte ich andere Teilnehmende. Mein Nachbar, der amerikanische Schauspieler, ist ganz in sich versunken und gibt sich voll seiner Bewegung hin. Es sieht so gekonnt aus, als wenn er es jeden Tag praktiziert. Eine Teilnehmerin hingegen stakst derart ungelenk durchs Gelände, daß ich mir nicht vorstellen kann, wie sie dabei zu innerer Ruhe und Gelassenheit kommen will. Bei mir hapert's damit allerdings auch noch, wie der Drang zur Ablenkung zeigt. Also erneut sammeln, den Blick wie empfohlen ca. zwei Meter vor den Füßen mitwandern lassen und alles nach innen richten.

Meine Gedanken scheinen sich jetzt im Kreis zu drehen. Was machst du hier? Meditieren. Ist das Meditation? Weiß ich jetzt noch nicht. Wann wirst du es wissen? Hoffentlich bald. Woran willst du es erkennen? Es wird sich zu erkennen geben. Wodurch? Weiß ich jetzt noch nicht. Alles konzentriert sich letztendlich auf die Frage: Wie merke ich, daß ich richtig meditiere und nicht nur so von A nach B laufe oder nachher dumm rum sitze oder stehe? Ich werde nach dem Mittag noch mal die Unterlagen durchblättern und hoffentlich eine vernünftige Antwort finden.

Die nächste halbe Stunde erprobe ich die unterschiedlichsten Sitzpositionen. Diamant finde ich zwar sehr schön, aber nach fünf Minuten muß ich wegen der Knieschmerzen aufgeben. Viertel- oder Halb-Lotus tut noch mehr weh, Voll-Lotus schaffe ich sowieso nicht. Bleibt also nur der normale Schneidersitz.

In der letzten halben Stunde bin ich nur mit Ameisen beschäftigt, die, sobald ich irgendwo zwischen den Bäumen zur Meditation stehen bleibe, mich ebenso als Baum betrachten und nur zu gern an mir hochklettern. Ich bin froh, als der Mittagsgong erklingt und ich in die Essenshalle flüchten darf.

Nach dem leckeren Mahl eile ich, so achtsam es geht, zu meiner Zelle und studiere das deutsche Begleitheft. Der Autor meint, das Wort Meditation (lat.: Nachdenken) sei hier fehl am Platz, da mißverständlich. Er ziehe das buddhistische *citta-bhavana* (Geistentwicklung) vor. Dies bedeutet, man soll bei der *Anapanasati*-Meditation brauchbare, taugliche und heilsame Eigenschaften des Geistes erzeugen und sie dann geschehen lassen, wobei der Geist hier alles umfaßt, was beim menschlichen Wesen nicht materiell-physisch ist. Nun bin ich schlauer, aber verstanden habe ich trotzdem nichts.

Wahrscheinlich bin ich wieder viel zu voreilig und muß erst einmal den Unterricht abwarten, um zu sehen, wie sich die Dinge entwickeln. Ich döse etwas, träume, daß ich Freunde in Hamburg besuchen will, aber ständig sind irgendwelche Sachen im Weg! Langsam dringt der Gong in mein Bewußtsein vor. Der zweite *Anapanasati*-Unterricht für heute steht an.

Diesmal kommt der Abt gleich zur Sache. Wir sollen alle Eigenschaften von langer und kurzer Atmung kennen lernen. Das entspricht den Stufen 1 und 2 des Meditationsweges. Wichtig ist dann für die Stufe 3, daß wir die Zusammenhänge zwischen Atmung und Körper erleben. Wir spüren, wie kurze, schnelle Atmung für Belastung, Hektik, Streß steht und den Geist beunruhigt und Angst auslösen kann, während lange, tiefe Atemzüge für Ruhe, Entspannung und Wohlsein sorgen. Wenn man diesen Unterschied erkannt hat, ist es logisch, im weiteren Meditationsverlauf die lange, tiefe Atmung einzusetzen, da nur sie zu Glück und Zufriedenheit führt.

Bei den anschließenden Übungszyklen fällt es mir leicht, das Gelernte nachzuvollziehen: wenn ich kurz und schnell atme, breitet sich innere Unruhe und Unbehagen aus, der Herzschlag wird schneller und ich bekomme kalte, klamme Hände. Atme ich dagegen tief und lang, ist der Körper zufrieden, denn er erhält viel Sauerstoff. Er kann alle Bereiche gut damit versorgen - besonders wichtig ist hier das Gehirn - und Entspannung und Wohlbefinden stellen sich ein.

Zufrieden über die Erkenntnis dieser einfachen Zusammenhänge warte ich nun auf das *chanting*. Da Musik und richtiges Singen im thailändischen *Theravada*-Buddhismus verpönt sind - sie könnten eventuell zu anhaftender Freude führen -, werden buddhistische Texte in einer Art Sprechgesang rezitiert. Der englische Mönch macht es, unterstützt von zwei einheimischen *bhikkhus*, vor und wir versuchen, es nachzumachen. Bis 130 Teilnehmende einen unbekannten *Pali*-Text gleichmäßig sprechen können, dauert es eine Weile. Außerdem gibt es noch Probleme mit gewissen Silben, die besonders betont sein wollen, indem die Stimme leicht gehoben oder gesenkt wird.

Die Männer tun sich offensichtlich besonders schwer, denn der Engländer feuert unsere Seite immer wieder an, endlich mit den Frauen mitzuhalten. Ich finde das Ganze ziemlich unpassend und mir ist es auch zu laut. Mein Gefühl sagt mir, daß es nicht dem Gebot der Achtsamkeit entspricht, diese Texte jetzt heraus zu schreien. Wir haben unsere Stimmbänder bisher nur zwei Mal am heutigen Tage beim Aufsagen des Essensspruches gebraucht - und jetzt Volldampf beim Schweige-*Retreat*? Da kann er mich lange anfeuern, den Gefallen werde ich ihm nicht tun!

Im Anschluß geht es dann wieder ruhiger zu. Einer der Assistenten führt uns durch die „Liebende-Güte-Meditation". Angestrebt ist es, die vorhandenen Aversionen über Bord zu werfen und Zuneigung für sich, Freunde und Feinde und alles Existierende auf der Welt zu entwickeln.

Ich muß wieder an die Urlaubsreise nach *Dharamsala* im April '99 denken, zu der auch ein Buddhismus-Seminar gehörte. Auch dort war diese *Metta*-Meditation im Programm, ebenso wie eine kurze Einführung in die *Vipassana*-Meditation. Mir fällt ein, daß die Seminarleiterin damals erklärt hatte, beim Meditieren könne es hilfreich sein, die Atemzüge zu zählen, um die Konzentration auf den Atem zu erhöhen und den Geist weniger wandern zu lassen. Das muß ich nachher während der Abendsitzung unbedingt ausprobieren!

Jetzt sind aber erst einmal „Teatime" und Ruhepause angesagt. Ich bin in Gedanken wieder bei meinem Phänomen mit dem starken Licht und der Durchsichtigkeit der Dinge. Eine Freundin hatte mir erzählt, daß sie bei einem *teaching* des Dalai Lama weißes Licht sah. Es ging um eine Zeremonie zur *Avalokiteshvara-Initiation*. Man sagt, daß der Dalai Lama zur Zeit den *Avalokiteshvara* auf Erden verkörpert, seine Inkarnation ist. Auf Abbildungen wird diese Symbolfigur oft weiß mit ganz vielen helfenden Händen dargestellt.

Bei dieser Zeremonie nun wurden rote Bänder verteilt, die zu einem bestimmten Zeitpunkt über die Augen gelegt werden sollten. Und als die Freundin dies tat, entstand sofort ein helles, weißes Licht. Auch hier hat der Geist steuernd in das Bewußtsein eingegriffen und etwas anderes vorgegeben, als gedanklich zu erwarten war.

Ähnliches muß bei unseren Träumen passieren. Das Bewußtsein läßt uns meistens die Phantasie spüren, so daß wir im Schlaf genau wissen, es ist ein Traum; aber dann gibt es auch die Träume, die so unheimlich real sind, daß wir um unser Leben fürchten. Was also steuert das Bewußtsein? Was gibt ihm die Bilder und Gedanken vor, die es uns je nach Laune diktiert? Schon wieder sind da Fragen ohne Antwort! Wo soll das noch hinführen? So geht es doch wohl nicht ins *Nirvana*?

Nun fängt aber gleich die Abendsession an. Sie beginnt mit einem Vortrag der Assistentin. Diese erzählt, wie sie vor gut einem Jahr als absolut Unwissende hierher gekommen ist. Sie, die ihr Mundwerk nie still halten konnte, hat dann das Schweigen kennengelernt. Dadurch und durch die Meditation erkannte sie, daß mindestens 99 Prozent ihres Dahergeplappers unnützes Einerlei war und nur um ihrer Selbst Willen geschah. Fasziniert von dieser Erkenntnis und natürlich dem Ort, an dem es geschah, hat sie ihr Leben radikal geändert und ist einfach gleich hier geblieben, um anderen zu helfen.

Im Anschluß an diesen ergreifenden Bericht führt ein Mönch die Männer im Halbdunkel zur Gehmeditation. Ich versuche, das erinnerte Zählen anzuwenden, aber das Gehen in Reih' und Glied bei dieser ersten angeführten Meditation klappt überhaupt noch nicht. Bei dieser großen Teilnehmerzahl stockt es ständig und einige stolpern fast über ihren Vordermann. Also ist Achtsamkeit oberstes Gebot und die Experimente müssen bis zum anschließenden Sitzen warten.

Nachdem es endlich so weit ist, bin ich als einer der ersten zurück auf meinem Platz in der Medihalle und versuche, eine gute Haltung im Schneidersitz zu finden. Als ich denke, es könnte gehen, lasse ich die Atmung bewußt tief und lang werden und fange an, jeden Atemzug zu zählen. Die Empfehlung war, bis 10 zu zählen. Dann sollte man von vorne beginnen, um den Geist nicht in der Konzentration zu überfordern und sich eventuell zu verhaspeln. Aber mir gefällt das Zählen und ich mache einfach kontinuierlich weiter. Bei 140 allerdings ist

Schluß, zu sehr schmerzen die Knie und Füße. Ich bin jedoch ganz zufrieden: sieben Atemzüge pro Minute ergeben zwanzig Minuten still Sitzen und die Konzentration auf die Atmung war auch gut. Darauf läßt sich bestimmt aufbauen.

Mit dieser Zuversicht gehe ich heute recht früh ins Bett, um endlich die fehlende Nachtruhe nachzuholen.

Tag 2 - Endlich meditieren

Als ich gegen viertel vor vier durch den Schrei eines Käuzchens wach werde, merke ich, wie ausgeschlafen ich mich fühle. In dieser natürlichen Stille zu ruhen, muß besonders erholsam sein, denn gut sechs Stunden Schlaf haben heute offensichtlich für Körper und Geist ausgereicht. Eine kleine Druckstelle am Rücken schmerzt zwar vom harten Bett, aber ich habe ja noch eine Viertelstunde Zeit bis zum Aufstehen, um sie zu beruhigen. Als der Gong ertönt, geht es mir rundum gut und ich kann den Tag tatsächlich ohne jede Hast beginnen.

Die heutige Lesung behandelt einen Text von *Suzuki*, in dem es um die Meditation und den Atem geht. Es wird das Bild einer Schwingtür vorgestellt, die sich nach innen bewegt, wenn der Atem eintritt und nach außen aufschwingt, wenn der Atem hinaus gleitet. Dieses Hin- und Herschwingen soll nun möglichst bei der Meditation als visualisiertes Bild betrachtet werden.

Ich versuche dann gleich, dieses Bild vor meinem inneren Auge zu bilden und quasi mit hinüber zu nehmen in die Morgenmeditation, aber das ist leichter gesagt als getan. Nach kurzer Zeit plagen mich wieder Knieprobleme und mein inneres Auge sieht nur noch Sterne von dem stechenden Schmerz. Ich verändere die Sitzposition und beginne einfach wieder mit dem Zählen. Die Qualen unterdrückend, schaffe ich noch eine Viertelstunde und beschließe, nach dem Yoga meinen Sitz zu erhöhen, indem ich weitere Kissen unterlege. Die Yoga-Übungen tun dem Körper natürlich gut und als die Sonne um 7 Uhr hinter dem Abt aufleuchtet wie ein Heiligenschein, sitze ich bequem auf drei Kissen.

Den Unterricht finde ich durch das schleppende „Englisch" heute besonders zäh. Es geht um Stufe 3. Der Abt hofft, daß wir die Vor- und Nachteile der unterschiedlichen Atemarten erkannt haben und nun wissen, wie der Atem den Körper konditioniert.

Wenn nicht, heißt es üben, üben, üben. Er verrät uns einen Trick, um die Konzentration zu erhöhen: wir können die Atemzüge zählen...! Nicht zu weit zählen, sondern lieber wieder von vorne anfangen, das hilft am besten. Diejenigen, die den guten Einfluß der langen, tiefen Atmung kennengelernt haben, sollten als nächsten Übungsschritt den Atem ausschließlich an der Nasenspitze fühlen und beobachten, um dadurch ihre Konzentration zu steigern.

Wieder verbleiben uns zwanzig Minuten zur Meditation und ich versuche erneut, in Gedanken die Schwingtür in die Nasenspitze einzupflanzen. Wie durch zwei hin und her federnde Klappen tritt die Luft jetzt in meinen Körper ein und aus, aber mir ist dieses Bild zu mechanisch, roboterhaft. Es stört meine Konzentration eher und ich fange wieder mit dem Zählen an. Das ist einfach und leicht und verwirrt nicht. Ich kann mein Bewußtsein sehr gut auf das Fühlen des Atems an der Nasenspitze lenken und als der Gong erklingt, merke ich, daß sich mein Kopf relativ leicht und klar und frei anfühlt. Ein Fuß ist zwar wieder eingeschlafen, aber durch die erhöhte Sitzposition habe ich wesentlich weniger Knieschmerzen.

Nach der üblichen Reissuppe - heute besonders fad - und dem Ausfegen nehme ich das Begleitheft zur Hand und versuche, die Fachbegriffe der ersten 4 Stufen zu entschlüsseln. Das Ziel ist *samadhi*, die höchste Stufe der Konzentration zu erreichen, die so rein und stark ist, daß keine störenden Gedanken den Geist mehr ablenken können. Ganz von allein sollen sich dann Gefühle wie Glück und Zufriedenheit einstellen.

Genau um dieses Thema geht es heute auch bei der *dhamma*-Belehrung um 10 Uhr, die von einer älteren, sehr kleinen Nonne mit dafür um so größerer Brille vorgenommen wird. Sie erzählt, daß sie früher Professorin für Molekularbiologie war und sich schon immer für alle Formen des Lebens interessiert hat. Seit ihrer Ordination sieht sie die Welt natürlich mit anderen Augen und sie schüttet sich aus vor Lachen, als sie uns erzählt, was ihr Bruder Silvester gemacht hat.

Dieser Narr hat doch enorme DM 75,- dafür ausgegeben, um mit 2000 anderen Personen in einer riesigen Hotelhalle mit dröhnender Musik in jener letzten Minute vor Mitternacht von 60 auf 0 herunter zu zählen. Und sein Auto war acht Stunden von 18 bis 2 Uhr in der Tiefgarage eingeschlossen und Essen und Trinken waren im Preis auch noch nicht enthalten. Was machen die Menschen doch heutzutage für komische Sachen, um glücklich zu sein!

Sie berichtet von einer Meinungsumfrage unter thailändischen Kindern, was sie denn glücklich machen würde: an erster Stelle steht, daß die Eltern zusammenbleiben, an zweiter, den Jackpot zu gewinnen und an dritter Stelle, einmal mit ihrem Pop-Idol zusammen zu singen. Das findet sie unfaßbar und es macht sie traurig, diese Wünsche der heutigen Jugend zu hören.

Sie erklärt uns, daß Glück und Zufriedenheit natürlich nur von innen aus uns selbst heraus entstehen können und am besten durch das Befolgen des *dhamma* entwickelt werden. Noch beim Aufstehen schmunzelt sie über die eine Minute für DM 75,- und hat uns offensichtlich alle im Saal mit ihrem humorigen Vortrag angesteckt. Überall nur fröhliche Gesichter und ich muß unwillkürlich an den Dalai Lama denken: diese heitere Nonne würde gut an seine Seite passen, ein treffliches Gespann.

Beschwingt suchen wir unsere Plätze zur Gehmeditation auf. Als ich gerade beginnen will, fuchtelt ein Teilnehmer schräg gegenüber wild mit den Armen. Dann zeigt er auf das Areal zwischen uns und da sehe ich's auch schon. Ein daumengroßer Schlangenkopf lugt aus der Grasnarbe hervor. Der Körper schlängelt sich dagegen fast unsichtbar zwischen den Halmen hindurch. Auch andere Teilnehmende sind inzwischen dazu gekommen, um das schöne, grüngelb gestreifte Tier anzuschauen und gemeinsam beobachten wir den weiteren Weg.

Wie wohltuend doch auch hierbei wieder die Atmosphäre des Schweigens ist. Es fasziniert, die Natur einfach nur anzunehmen und zu genießen, ohne die Wahrnehmungen zu zerreden. Andererseits sind mir Schlangen etwas suspekt und so gehe ich zur Meditation dann doch lieber in die freie Halle.

Hier kann mir nichts passieren und durch mein Hin- und Herwandern kann auch kein anderes Lebewesen zu Schaden kommen. Statt der zwei Palmen nehme ich jetzt zwei Säulen, so wie es schon zwei andere Teilnehmer gemacht haben und gehe dazwischen, Schritte gleich Atemzüge zählend, auf und ab.

Mein Blick fällt auf ein Gestrüpp vor der Halle, in dem ein kleiner Vogel laut zwitschernd und aufgeregt herumhüpft. Er hat einen hübschen, grünschwarz schillernden Kopf mit langem gebogenen Schnabel, die Unterseite ist knallgelb und der Rest olivfarben. Ein Nektarvogel also, der vor einiger Zeit in dieser Bougainvillea sein gut getarntes Nest gebaut hat, nicht ahnend, daß der Busch nun sein Blattwerk wechselt und nur noch einige wenige korallenrote Blüten hat.

In dem jetzt völlig frei in der Sonne hängenden Nest befindet sich ein japsendes Junges und muß ständig mit erfrischender Nahrung versorgt werden. Durch die vielen Teilnehmenden, die um das Gebäude herum gehen, fühlen sich die Eltern sehr gestört. Sie veranstalten ein fürchterliches Spektakel, wenn jemand dem Nest zu nahe kommt. Da ich in der Halle im dunklen Schattenbereich bin, störe ich sie nicht und kann gut beobachten, wie sie das Junge zwischendurch immer mal schnell füttern.

An diesen kleinen Wundern der Natur teilzunehmen, hat mich schon immer fasziniert und mit Freude und Glück erfüllt, so lange ich zurück denken kann. Solche Erlebnisse haben mir bereits früher das Gefühl vermittelt, im Einklang mit der Natur und als ein winziger Bestandteil davon auch eins mit ihr zu sein. Zufrieden gehe ich zur großen Halle zurück, um dort im Sitzen weiter zu meditieren.

Relativ schnell, schon nach fünfzig Atemzügen, habe ich den Eindruck, daß mein Kopf immer freier, klarer wird und ich beschließe, *Kontemplation* zu üben. Das heißt, etwas wirklich von allen Seiten zu betrachten, bis man es so gut kennt, daß man eins damit wird. Ich versuche es mit dem Atem selbst, da ich sowieso darauf konzentriert bin. Aus der Medizin kenne ich die vielfältigen physiologischen Zusammenhänge bereits und beobachte jetzt die Gefühlsebene.

Nach mehreren extra tiefen Atemzügen kommt es mir vor, als würde der Sauerstoff im Blut perlen wie Kohlensäure im Sekt und dieses Rauschen verteilt sich dann im ganzen Körper. Ich fühle, wie dieser frische Sauerstoff den ganzen Körper reinigt und das Blut die Abfallsubstanzen aufnimmt und abtransportiert. Ich weiß nicht, ob es Zufall ist oder vom Bewußtsein provoziert, jedenfalls kommt mich ein ziemlicher Harndrang an und ich bin froh, als diese halbe Stunde endlich vorbei ist.

Zur abschließenden Stehmeditation sollte ich nun wieder ein ameisenfreies Plätzchen suchen, was auf diesem Areal einfach unmöglich erscheint. Ich gebe also klein bei und diese Meditationsform auf, allerdings leichten Herzens, denn jetzt kann ich wieder meine kleinen Nektarvögel beobachten. Es macht richtig Spaß, bis zum Mittagessen noch einige Minuten achtsam auf und ab zu gehen und auf das Vogelnest zu blicken.

Das Mittagessen schmeckt mir leider genau so fad wie das Frühstück und ich muß an den Text des Essenssspruchs denken: Ich führe diesem Körper Nahrung zu, nur um ihn am Leben zu erhalten. Leider wurde das bei dieser Wärme lebensnotwendige Salz zu knapp bemessen. Also greife ich zum Nachtisch ordentlich bei den Bananen zu, die haben auch viele Mineralien zu bieten.

Nach diesem erlebnisreichen Vormittag in tropischer Hitze ist dann zur Mittagsruhe wieder 'ne Mütze Schlaf angesagt. Vor der Nachmittagssession muß anschließend noch ein *Mandi* her und erfrischt kann es mit dem *Anapanasati*-Unterricht des Abts weiter gehen.

Er nähert sich jetzt der vierten und letzten Stufe der ersten Tetrade und erklärt, wie man mit leicht geöffneten Augen über die Nasenspitze hinweg schaut - ebenso wie der Buddha auf vielen Abbildungen. Beim Erreichen der Klarheit des Geistes entsteht dann die Zufriedenheit und die Augen schließen sich von allein. Wer aber Schwierigkeiten hat, mit halboffenen Augen zu meditieren, sei es durch visuelle Ablenkung oder andere körperliche Probleme, sollte die Lider lieber geschlossen halten, in Gedanken über die Nase sehen und dadurch *samadhi* entwickeln. All denen, die noch immer Schwierigkeiten haben, sich überhaupt auf die Betrachtung des Luftstroms an der Nasenspitze zu konzentrieren, empfiehlt er noch mal das Zählen der Atemzüge.

Dann können wir wieder üben. Beim Sitzen fällt es mir leichter, mich mit geschlossenen Augen zu konzentrieren und beim Gehen ist es genau umgekehrt.

Ohnehin finde ich die Gehmeditation viel schwieriger, weil mein Körper durch die Koordination des Bewegungsablaufs mehr beschäftigt und nicht auf den Atem fixiert scheint. Habe ich die Augen geschlossen, torkele ich total unsicher durch die Gegend und kann mich überhaupt nicht konzentrieren. Sind die Augen dagegen offen, bin ich durch das Visuelle, wie z.B. das Vogelnest, sehr schnell abgelenkt.

Diese Erkenntnis bringt mich zu der Entscheidung, mein ganzes Engagement bei der Sitzmeditation zu entfalten und die dazwischen liegenden Phasen des Gehens eher zur Erholung des Körpers zu nutzen. Ich gehe jetzt also nicht mehr - das Nest fest im Auge - stur in der Halle hin und her, sondern nutze die Zeit auch mal zu einem achtsamen Spaziergang über das wunderschöne Gelände.

Allein auf diesem Grundstück gibt es ungefähr genau so viele Lebewesen einer einzigen Spezies wie Menschen auf der ganzen Erde und zwar Ameisen. Diese Geschöpfe in Ruhe bei der „Arbeit" zu beobachten, kann eines der spannendsten Naturerlebnisse überhaupt sein. Die Art, wie diese Heerscharen Wege und Behausungen bauen, einzeln oder im Kollektiv überdimensionale Lasten bewältigen, zeugt von einer Effizienz der eingesetzten Arbeitskraft und einer hoch entwickelten Form der Kommunikation, die mich total beeindruckt. Wieder so ein kleines Wunder der Natur, das man fast überall auf der Erde beobachten kann, wenn man sich nur die Zeit nimmt und sich darauf einläßt.

Um 17 Uhr ist wieder *chanting*. Der heutige *Pali*-Text behandelt die fünf buddhistischen Grundregeln, die für Laien Voraussetzung sind, um achtsam zu leben: 1. kein Lebewesen zu töten, 2. nicht zu nehmen, was nicht gegeben ist, 3. kein unanständiges Sexualverhalten zu praktizieren, 4. keine falschen Reden zu führen und 5. keine Drogen zu nehmen.

Der englische Mönch gibt sich zwar alle Mühe, den Sinn genau zu erklären; aber mich überzeugen Verbote nicht. Ein Verbot ist nach meinem Empfinden auch falsche Rede. So lange es Menschen gibt, hat ein Verbot nach Übertretung geschrien. Das begann schon mit Adam und Eva.

Daher würde ich fünf echte Gebote propagieren: 1. alle Lebewesen zu achten, 2. das zu nehmen, was gegeben wird, 3. sich anständig gegenüber möglichen Sexualpartnern zu verhalten, 4. ehrlich zu sprechen und 5. gesund erhaltende Nahrung zu essen. Wer heutzutage nach diesen Prinzipien leben möchte, hat es wahrscheinlich schon schwer genug. Das 1. und 2. Verbot kann eigentlich nur ein Mönch einhalten, der nicht Auto fährt und nicht einkaufen muß. Auch das 5. Verbot ergibt aus medizinischer Sicht wenig Sinn, denn selbst Heilkräuter enthalten oft Spuren von bewußtseinsverändernden Drogen.

Was nützt es also, den Rohrstock zu schwingen und mit der Hölle zu drohen, wie es viele Glaubensrichtungen tun? Es schürt nur das schlechte Gewissen der angeblich schlechten Menschen. Würden hingegen die positiven Aspekte durch Befolgung positiver Gebote gestärkt, würde auch das Selbstwertgefühl der Menschen ansteigen. Da kommt mir die folgende Liebende-

Güte-Meditation gerade recht, die genau an das Gute im Menschen appelliert.

Anschließend geht's zum Tee. Durch die schweißtreibende, auszehrende Nachmittagshitze brauche ich nach dem Heißgetränk noch ein kurzes Nickerchen und bin um halb acht wieder fit für den Abendvortrag.

In der Reihe 'Was hat mich zum Buddhismus gebracht?' spricht heute der englische Mönch über sein Vorleben. Da er beim Hinsetzen beinahe den Kötel eines Geckos ins Gesicht bekommen hätte, erzählt er erst einmal von seiner ersten Mönchsbehausung, einer lange Zeit leer stehenden *kuti*, die er mit zwanzig dieser Echsen teilte.

Es gibt in Asien mehrere Arten von Geckos. Dort in der Hütte lebten die großen, ca. 30 cm langen Tiere. Sie haben die Angewohnheit, ihre Exkremente immer auf den gleichen Haufen zu setzen und somit mußten zuerst zwanzig duftende Kegel entfernt werden. Da die Echsen sich nachts gerne mit ihrem Namen gebenden, durchdringenden Ruf verständigen und sich nicht vertreiben ließen, mußte er ihnen die Hütte tatsächlich wieder überlassen; denn an erholsamen Schlaf war nicht zu denken.

Nach dieser dramatischen Schilderung habe ich so meine Zweifel, ob er noch viel Liebende Güte für diese Urviecher entwickelt. Den Buddhismus jedenfalls hat auch er nach langen Jahren des ziellosen Herumirrens in der Welt auf der Suche nach einem Sinn für sein Leben als seine Bestimmung erkannt.

Die angeführte Gehmeditation ist heute bereits etwas gleichmäßiger. Wie im Gänsemarsch folgen wir Männer dem Mönch. Ich gehe ziemlich weit hinten und kann gut die Bewegung der ganzen Kette beobachten. Wenn irgendwo etwas ins Stocken gerät, überträgt es sich wie bei einer Ziehharmonika langsam zum Ende und verliert sich nach kurzer Zeit - ein schönes Bild.

Bei der abschließenden Sitzmeditation will ich dann unbedingt versuchen, die vollen 30 Minuten im Schneidersitz zu bleiben. Eigentlich müßten die Gelenke ausgeruht genug sein. Ich nehme zwei lange Atemzüge, versuche dann, meine Lunge quasi auszuwringen, um die ganze verbrauchte Luft loszuwerden und anschließend wieder maximal zu füllen, bis nichts mehr hineingeht. Derart gereinigt, beginne ich mit dem Zählen der Atmung und versuche, die Luftströme an der Nasenspitze zu fühlen. Ich spüre die leicht kühlende Wirkung, wenn der Atem über die feuchte Nasenschleimhaut streicht und schon ab 40 fühle ich eine gewisse Leichtigkeit.

Der Körper scheint jetzt wirklich keine Probleme mehr zu bereiten. Ab 60 ist der Kopf so leer, als wenn ich nie Gedanken gehabt hätte. Das Bewußtsein zählt wie automatisch einen Atemzug nach dem anderen und sonst ist da nichts. Geräusche, die als Blätterrascheln, Geckoruf, Hüsteln an mein Ohr anklopfen, sind zwar sofort identifiziert, aber interessieren den Geist nicht wie üblich.

Nach wie vor gilt meine volle Konzentration meiner Nasenspitze und auf einmal sehe ich sie trotz geschlossener Augen ganz deutlich. Ich bin oder war wohl bei 128, komme aber durch die Erscheinung tatsächlich etwas aus dem Rhythmus. Die letzte Zahl, die mein Bewußtsein festgehalten hat, war jedenfalls 128. Also geht's mit 129 weiter, ganz fasziniert von der kräftigen, gewölbten Rundung vor meinem inneren Auge. Denn klein ist diese Nase nun wirklich nicht.

Als die Glocke ertönt, bin ich bei 181. Ich fühle mich so leicht, daß ich meine Gelenke überhaupt nicht gespürt habe, obwohl die Knie jetzt auf einmal schmerzen. 181 bedeutet alle zehn Sekunden einen Atemzug und zeigt mir auch dadurch, daß ich einen schönen, ruhigen, entspannten Zustand des Körpers erreicht habe.

Zufrieden, aber etwas irritiert durch das neue Bild, gehe ich zu Bett und muß auf einmal an zu Hause denken. Das hatte ich seit gestern morgen nach dem Wecken ganz vergessen. Jetzt ist schon der 02.01.01 und alle Freunde sind bereits wieder zur Arbeit. Hoffentlich sind sie gut ins Neue Jahr gekommen und lesen in der Zeitung nicht zu viele Schreckensmeldungen. Per E-mail drang die Nachricht von den BSE-Fällen in Deutschland kurz vorm *Retreat* auch bis zu uns durch und hat meine Ablehnung der Massentierhaltung natürlich bestätigt sowie das Mißtrauen gegenüber den öffentlichen Kontrollorganen verstärkt.

Würmer in den Fischen, Salmonellen bei Geflügelprodukten, Schweinepest, Rinderwahn - welches Fleisch soll man noch essen? Kurzzeitig sind die Menschen erschreckt, aber bei der nächsten Grillparty scheint alles wieder vergessen oder ist zumindest verdrängt. Nachgewiesenermaßen wäre ein Viertel von dem, was ein Bundesbürger im Schnitt an Fleisch verzehrt, ausreichend und am gesündesten. Und sogar Vegetarier sterben nicht, sondern werden mit ihrem Lebensstil noch älter als der Durchschnitt.

Wenn alle Menschen, die Fleisch essen wollen, das entsprechende Tier selber schlachten müßten, so wie ich es als Kind noch mitbekommen habe, dann sähe der Verbrauch sicher anders aus. Aber dank der sterilen Supermärkte und der Nahrungsmittelindustrie wissen viele Kinder gar nicht mehr, was Fleisch bedeutet. Als Vegetarier fühle ich mich jedenfalls in Asien bestens aufgehoben. Die Lüge, daß Essen ohne Fleisch nicht schmeckt, kennt man hier natürlich nicht und es wäre sehr interessant zu wissen, wo sie eigentlich her kommt. Es ist doch immer wieder erschreckend zu sehen, wie leicht sich die Menschen manipulieren lassen.

Tag 3 - Trance

Als der Gong erklingt, fühle ich mich wie aus dem Tiefschlaf gerissen. Ich bin zerschlagen, matt und schweißgebadet von der dumpfen Hitze. Hoffentlich habe ich nicht zu viel Wahnsinniges vom Rinderwahnsinn geträumt, aber ich kann mich an nichts erinnern.

Die heutige Morgenlesung ist ein Text von *Pema Chödrön* über das Loslassen, eine der wichtigsten Übungen im Buddhismus. Bei der anschließenden Meditation denke ich über das Gesagte nach.

Da wir schon mit den Ur-Instinkten unserer biologischen Ahnen, den „Klammeraffen", geboren werden, scheint uns das Festhalten und Besitzergreifen im Blut zu liegen.

Weil es aber nicht funktioniert, wenn alle Menschen nur haben und nehmen wollen, ohne mindestens genau so viel zu geben, sollte man sich im Trennen von Dingen üben. Dann ist alles im Fluß, im interessanten Wandel und statische Langeweile kommt gar nicht erst auf.

Ganz besonders fest hängen die Menschen zumeist am Leben. Dabei ist ihnen - wie allen anderen Wesen - seit ihrer Geburt nur eins zu 100 Prozent sicher: der Tod. Keiner entkommt ihm, er kann jederzeit und überall eintreten, denn niemand weiß, wann die innere Uhr abgelaufen ist. Deshalb ist es besonders wichtig, unsere kleine Zeitspanne auf Erden mit mehr Gelassenheit zu sehen und immer auf das Sterben vorbereitet zu sein.

Bei diesem Loslassen vom Leben soll die *Anapanasati*-Meditation helfen. Wenn man die letzten Atemzüge bewußt tief und lang nimmt, besteht die Möglichkeit, mit Zufriedenheit und *samadhi* aus der Welt zu scheiden. Naja, grau ist alle Theorie! Das hört sich natürlich schön an; aber wie die Praxis letztendlich aussieht, kann nach dem Tod keiner mehr berichten.

Auf alle Fälle macht es mir Spaß, während der Meditation, wenn der Kopf so richtig frei ist, ein Thema wie dieses von allen Seiten zu betrachten, zu *kontemplieren*. Ich denke, auch das kann die Furcht vor dem Ableben - was für ein Wortungetüm - etwas abbauen.

Die folgenden Yoga-Übungen beginnen ebenfalls, Spaß zu machen. Schon nach drei Tagen sind erstaunliche Fortschritte in der Gelenkigkeit festzustellen.

Beim *Anapanasati*-Unterrrricht geht es dann um die genaue Beschreibung von *samadhi* und Stufe 4. Wir sollen den Atem an der Nasenspitze bewachen, ruhig und friedvoll machen. Daraufhin sollen sich von allein geistige Bilder einstellen. Diejenigen, bei denen es nicht klappt, müssen ein wenig nachhelfen und sollen sich möglichst einen Lichtpunkt vorstellen - Vorbild Sonne oder Mond.

Es führen nämlich 5 Faktoren zu dieser vollständigen Konzentration *samadhi*: das Bemerken eines Bildes (*vitakka*), das Erleben dieses Bildes (*vicara*), die Freude darüber (*piti*), das daraus entstehende Glück (*sukha*) und *ekagatta*. Dieser fünfte Punkt ist für uns erfahrungsgemäß am schwierigsten zu verstehen und darum wird diese so genannte „Einspitzigkeit" heute nachmittag genauer erklärt werden.

Jetzt sollen wir erst einmal das Entstehen geistiger Bilder üben. Alles ist uns erlaubt, aber Ziel ist ein Lichtpunkt. Also nichts *kontemplieren* diesmal, sondern den Kopf frei werden lassen und sehen, was entsteht. Es kommt, wie es kommen mußte: schon bei 74 sehe ich meine eigene Nase und das war's. Ich verscheuche sie wieder, kneife die Lider zusammen, bis ich Sterne sehe oder öffne die Augen, um die Sonne zu sehen; aber kein Lichtpunkt bleibt. Erzwingen kann ich es also nicht.

Darum denke ich nun einfach an einen besonders schönen Sonnenuntergang, wie wir ihn mehrmals in der Weihnachtszeit an der thailändischen Küste gesehen haben. Jedoch geht auch hierbei die Sonne tatsächlich unter und ich kann keinen Lichtpunkt visualisieren.

Etwas enttäuscht gehe ich zum Frühstück, aber meine Laune bessert sich schnell, als ich die Reissuppe koste. Irgendwer muß sich doch beschwert haben, denn so gut hat die Suppe noch nie geschmeckt. Ich nehme schnell einen kleinen Nachschlag und beeile mich, heute möglichst der Erste beim Fegen zu sein. Es klappt und ich kann meinen Besen bald an die zuletzt Kommende abgeben. Somit habe ich noch viel Zeit für ein Verdauungsnickerchen.

Die *dhamma*-Belehrung erfolgt heute zum Thema *dukkha* - Leid. Der englische Mönch erklärt die Vier Edlen Wahrheiten, die 4 Grundthesen des Buddha: die Wahrheit vom Leiden, seinem Ursprung, seiner Aufhebung und dem Weg zu seiner Aufhebung.

Das Leben ist Leiden, denn Geburt, Altern, Krankheit und Tod sind für den normalen Menschen leidvoll. Trotz kurzfristiger Freuden überwiegen die Erlebnisse von Kummer und Schmerz, Verabscheuungswürdigem, Trennung von Geliebtem sowie auch die Nichterfüllung von Wünschen und am Ende folgt ein bitterer Abschied.

Die Ursache des Leidens ist die Gier. Begierde, Haß und Verblendung bedingen unsere ungezügelten Wünsche und lenken somit unser Tun und Denken. Diese Gier und unsere Unwissenheit darüber verursachen unseren Existenzzwang, treiben den Kreislauf der Wiedergeburten - *samsara* - an und bedingen immer neues Leiden.

Die Aufhebung des Leidens heißt einzig und allein Vernichtung der Gier. Es geht hierbei nicht nur um die Gier nach materiellen Sachen und dem Festhalten am Besitz, sondern auch das Loslassen von geistigen Dingen, z.B. von Erwartungen, Wünschen, Gefühlen, Recht haben, muß möglich sein.

Der Weg dorthin bedeutet achtfache Selbstdisziplin: rechte Ansicht, rechter Entschluß, rechte Rede, rechtes Verhalten, rechter Lebensunterhalt, rechte Anstrengung, rechte Achtsamkeit und rechte Meditation.

Wer die Gier besiegt und dadurch zu Gleichmut und Weisheit gelangt, erreicht *Nirvana*. Das hört sich gar nicht so schwer an, ist aber das Komplizierteste, was es gibt. Denn die Gier besiegen heißt, sein Ego aufgeben und wer kann das schon? Also üben wir hier sechs Disziplinen des achtfachen Pfades. Nur der rechte

Lebensunterhalt ist hier nicht möglich und die rechte Ansicht wird sich hoffentlich durch die Erlangung der anderen Bedingungen einstellen.

Besonderes Gewicht liegt natürlich auf der Meditation, für die nun wieder anderthalb Stunden Zeit ist. Ich gehe erst einmal zwischen den Säulen in der Halle hin und her, um die Fortschritte des Nektarvogeljungen zu beobachten. Es kommt beim Füttern schon halb mit dem Kopf aus dem winzigen, kugeligen Nest heraus und scheint unersättlich. Die Eltern haben sich etwas besser auf den regen Betrieb um den Busch eingestellt und veranstalten nicht mehr so ein verräterisches Spektakel. Dafür bekommt das Junge nur noch alle zehn Minuten Futter.

Bei der anschließenden Sitzmeditation merke ich schnell, daß ich durch das Üben offensichtlich immer früher in die tiefe Konzentration komme. Schon bei Anfang 50 gibt mir mein Bewußtsein meine Nase vor und ich überlege, was ich nun machen soll. Sie glänzt zwar manchmal, hat aber sonst nichts mit einem Lichtpunkt gemein.

Während ich so grübele (*kontempliere?*), bemerke ich plötzlich, wie eine Veränderung der Nase beginnt. Meine schöne, runde, dicke Gummel wird auf einmal dünn und lang. Sie sieht auch gar nicht mehr wie eine menschliche Nase aus, sondern eher wie ein Vogelschnabel. Als die Veränderung abgeschlossen ist, habe ich nun als Bild das kräftige, spitze Hackwerkzeug eines Hühnerhahns vor mir. Ob so etwas auch mit *ekagatta* gemeint sein kann? Immerhin, spitz genug ist dieser Schnabel.

Nachdenklich wandere ich die letzte halbe Stunde vor dem Mittag durch den schönen Park, beobachte einige Fische in den großen, klaren Teichen, entdecke unter einem Blatt sitzend eine Heuschrecke mit phantastischer Zeichnung und überlege, ob ich einen Kurzinterview-Termin nehmen soll. Als ich vor dem Essen auf die Liste schaue, sehe ich beim englischen Mönch und der älteren Nonne bereits alles belegt. Nur beim Abt und einer jüngeren Nonne gibt es noch Zeiten. Wegen der thailändisch-deutschen Englischprobleme trage ich mich dann doch nicht ein und beschließe abzuwarten.

Der Nachmittagsunterricht beginnt, wie angekündigt, mit der Vollendung von Stufe 4. So viel ich verstehen kann, ist diese Einspitzigkeit die Krönung der Konzentration. Alles ist in Harmonie. Der Körper und das Bewußtsein empfinden Glück, Freude und Zufriedenheit dadurch, daß der Geist einzig und allein auf einen Punkt gerichtet ist. Wenn dieses Einsgerichtetsein, diese Einspitzigkeit erkannt ist, dann können wir beruhigt sein, ausreichend *samadhi* entwickelt zu haben, um mit den nächsten Schritten weiter zu machen. Wir sollen also fleißig mit den geistigen Bildern vor unserem inneren Auge üben, sehen, ob sich die Harmonie der Natur auf unsere innere Harmonie übertragen läßt, indem wir uns einen schönen Sonnen- oder Mondaufgang vorstellen.

Bei der anschließenden Meditation entwickelt sich bei Anfang 50 gleich der Hahnenschnabel. Meine Nase scheint nicht mehr aktuell zu sein und Sonne und Mond sind mir diesmal egal. Ich betrachte lieber dieses Arbeitsgerät erst einmal von allen Seiten genau und merke überrascht, wie auch dieser Schnabel sich noch einmal zu verändern beginnt.

Erst wird er krumm und immer spitzer, wie ein Adlerhaken, dann wieder gerade und länger und länger. Zum Schluß sehe ich nun einen ca. 30 cm großen, immer spitzer zulaufenden Storchenschnabel vor mir. Wenn das keine Einspitzigkeit ist! Da wäre ein Lichtpunkt bestimmt auch nicht besser.

Zufrieden gehe ich in die Halle und habe auch dort beim achtsamen Voranschreiten und Atmen zum ersten Mal das Gefühl, das könnte etwas mit Meditation zu tun haben. Ich schaffe es, mich nur auf das Gehen zu konzentrieren und keine visuelle Ablenkung - sei es Vogelnest oder andere Teilnehmende - an mich herankommen zu lassen.

Erwartungsvoll, was aus dem Schnabel wohl jetzt wird, begebe ich mich wieder zur großen Meditationshalle, um dort weiter zu machen. Die Konzentration ist schnell entwickelt, der Atem lang und ruhig und fein, wie es besser nicht geht; aber kein Bild entsteht. Ich werde etwas zweifelnd, bemerke dann jedoch völlig andere Phänomene.

Nicht die fünf Faktoren, die wir als Begleiter eines bildlichen Objekts gelernt haben, setzen nun ein, sondern nach und nach fünf ganz andere: Trockenschlucken, Lidflattern, kleine Muskelzuckungen, Bauchgrummeln und Pulsveränderung. Ich kenne diese Indikatoren sehr genau und sie zeigen mir, daß mein Bewußtsein etwas anderes will, eine andere Stufe erreicht hat. Ich bin mit dem Zählen bei 60 und am Beginn einer *Trance*.

Während meiner Hypnose-Ausbildung wurde ich zum Üben von Kollegen zu so einer bewußt erlebten, kontrollierbaren *Trance* geführt. Selbsthypnose hingegen hatten wir nicht praktiziert. Um so größer ist mein Erstaunen, jetzt durch die Meditation dorthin zu gelangen. In meiner Überraschung fühle ich den nächsten *Trance*-Schritt: meine Hände, Unterarme, Arme werden leichter. Ich spüre ein intensives Kribbeln unter meinen Handflächen und möchte die Hände am liebsten hoch heben. Aber Arm*levitation* in der Meditation erscheint mir dann doch etwas komisch und so behalte ich die Hände auf den Knien.

Eine Kleinigkeit ist anders gegenüber der mir bekannten *Trance*. Die Leichtigkeit der Arme oder Beine war damals immer einseitig stärker. Aber jetzt fühle ich die Energie unter den Handflächen absolut gleich. Sie gibt den Knien bis zum Ende der halben Stunde wohltuende Wärme.

Nach dieser erstaunlichen Entwicklung in der Meditation brauche ich erst einmal wieder einen Spaziergang über das Gelände, um das Erlebte in Ruhe zu verarbeiten. Wie toll doch dieses Schweigen ist! Keine Gespräche stören einen und man kann alles in sich nachklingen lassen und überdenken.

Ich frage mich, wie dieses Meditationserlebnis in den uns vorgegebenen Weg paßt. Vielleicht wäre ein Kurzinterview doch hilfreich. Außerdem sollte ich nach *chanting* und Tee noch einmal die Lektüre durchsehen.

Voller Neugier - Gier? Wissensdurst! - beeile ich mich und blättere, auf dem Bett liegend, das deutsche Begleitheft durch. Ich brauche gar nicht so lange zu suchen: bei Vollendung der Stufe 4 ist nicht nur von *samadhi* die Rede, sondern es taucht auch der Begriff *jhana* für Vertiefung auf. Ich schaue im Anhang bei den Worterklärungen nach und was steht dort als gängige Übersetzung? *Trance*, Versenkung, Vertiefung. Besser können Dinge eigentlich nicht zusammenkommen.

Euphorisch gestimmt von dieser faszinierenden Art, neue Erfahrungen zu machen, gönne ich mir noch ein *Mandi* und dann geht's zum Abendvortrag.

Da der Vaters eines Koordinators gestorben ist, ist ein anderer Assistent, ein uriger Typ mit dreadlocks und Spitzbart, kurzfristig eingesprungen und natürlich ungenügend vorbereitet. Eher konzeptlos nuschelt er mit seinem harten nordenglischen oder vielleicht auch australischen Dialekt Dinge in seinen Bart, die ich kaum verstehe. Am häufigsten taucht der Name der größten amerikanischen Fast-Food-Kette auf, die er mit der Hölle selbst vergleicht. Bizarr gekleidete Wesen würden dort in unerträglichem Licht herumspringen und Nahrung kredenzen, die diese Bezeichnung nicht verdient.

Dies war scheinbar seine letzte einprägsame Erfahrung mit der Außenwelt, bevor er sich ins Kloster zurückgezogen hat. Und nun versucht er offensichtlich, diese Vision loszuwerden.

Die anschließende, geführte Gehmeditation läuft nach dem gewohnten Muster ab. Ich bin diesmal ganz weit vorne, an dritter Stelle hinter dem Mönch und kann zum ersten Mal seine Art der Gehmeditation genau studieren. Da er das Terrain sehr gut kennt, geht er mit geschlossenen Augen und erfühlt quasi mit jedem nächsten Schritt den Weg. Deutlich erkenne ich, wie er mit der nackten Sohle vorsichtig den Untergrund ertastet, bevor er den Fuß dann mit dem ganzen Körpergewicht belastet.

Es sieht fast so aus, als wenn jemand ganz behutsam in *Trance* über Glasscherben geht. Das ist gar nicht so abwegig und ich kann mir so eine Tat durchaus vorstellen. Ich kenne die Möglichkeiten der *Trance* gut durch meine Ausbildung in moderner klinischer Hypnose, die von Milton Erickson zur Schmerzausschaltung entwickelt wurde.

Es gibt Patienten, die in *Trance* in der Lage sind, schwierige und normalerweise schmerzhafte Operationen ohne Narkose auszuhalten. Bei einer derartigen Hypnose muß das Bewußtsein auch eine Art Einsgerichtetsein erreichen. Dieses Objekt sollte das absolute Wohlbefinden sein und der Patient muß dorthin geführt werden, wo er schon einmal so etwas erlebt hat. Ist die Konzentration dann voll und ganz auf diesen Ort und das damit verbundene Wohlsein fixiert, kann das Bewußtsein keinen Schmerz mehr empfinden. Wenn man also in der Lage ist, seinen Geist zu 100 Prozent mit Positivem, Gutem zu besetzen, dann ist für Negatives, Schlechtes kein Platz mehr.

So einfach kann es ein, wenn man den Weg kennt. Und den kennt unser Mönch, wir sind gleich wieder an der großen Halle angelangt. Es verbleiben uns noch dreißig Minuten für die Sitzmeditation, die den Abend beschließt.

Mit ziemlicher Spannung begebe ich mich zu meinem Platz und frage mich, was nun wohl noch passiert an diesem ereignisreichen Tag. Es erscheint mir wie eine Kopie der vorherigen Sitzmeditation, nur, daß ich diesmal nicht mehr so überrascht bin. Ich bemerke wieder die Trance einleitenden Phänomene und genau bei 60 ist das Kribbeln unter den Händen da. Ich fühle die Leichtigkeit der Arme ebenso gleichmäßig wie vorhin, es gibt absolut keinen Unterschied.

Eine wichtige Sache muß ich nun erst einmal beleuchten, *kontemplieren*: Wo oder was ist bei dieser Konzentration meine Einspitzigkeit, dieses Einsgerichtetsein des Geistes? Ich habe weder diesen spitzen Schnabel vorm inneren Auge, noch habe ich an einen Ort des absoluten Wohlbefindens gedacht. Die *Trance* entsteht offensichtlich aus der Tiefe der Konzentration, der Versenkung heraus. Es bedarf scheinbar auf dieser Meditationsstufe keiner formhaften Objekte mehr, sondern das hier muß *arupa-jhana* sein, wie ich vorhin im Begleitheft gelesen habe.

In der Tat ist mein Bewußtsein momentan auf etwas Immaterielles fixiert, auf Energie. Ich bin total fasziniert von der Wärme unter meinen Handflächen und spüre die Kraft, die davon ausgeht. Nach wie vor folge ich dem Druck nicht und lasse die Hände auf den Knien. Und diese Wärme tut den Knien total gut! Ich hatte vorhin nach der Meditation überhaupt keine Schmerzen und spüre auch jetzt am Ende dieses langen Tages noch keine.

Als bei Atemzug 177 die kleine Glocke erklingt, ist lediglich, wie schon öfter zuvor, der eine Fuß eingeschlafen. Da scheint durch den Schneidersitz etwas von der Durchblutung abgedrückt zu werden. Eine kurze Massage hilft und genau so euphorisch, wie ich mein Zimmer vorhin verlassen habe, kehre ich jetzt, wie auf Wolken gehend, dorthin zurück.

Das *Retreat* dauert erst drei Tage und ich habe in dieser Zeit schon Erfahrungen körperlicher und geistiger Art gemacht, die mir früher unvorstellbar erschienen. Jetzt, da ich diese Entwicklung gerade erlebe, sieht es einfach aus und wie ein natürlicher Prozeß. Durch die Lektüre habe ich auch genügend Erklärungen zur Hand, aber so richtig begreifen kann ich es nicht, was hier mit mir geschieht. Vor allen Dingen ist mir eines noch unklar: Was ist letztendlich der Nutzen dieser Übungen? Wozu brauche ich diese absolute Konzentration? Soll ich dadurch tatsächlich mein Ego, mich aufgeben?

Und so döse ich trotz dieser tollen „Erfolge" mal wieder grübelnd ein.

Heute morgen bin ich vor dem Gong aufgewacht, ausnahmsweise mit der Erinnerung an einen Traum. Normalerweise habe ich sie vergessen oder nur kurze Bruchstücke behalten. Nicht so diesen!

Nach einem unterhaltsamen Besuch bei meinen Eltern fahren meine Freundin und ich auf einer der Haupteinfallstraßen Hamburgs in die City, um ins Kino zu gehen. Die Straße geht schnurgeradeaus. Wir sprechen angeregt miteinander, aber etwas stimmt nicht. Ich fahre das Auto rückwärts. Um besser zu sehen, habe ich den Oberkörper zur Seite gedreht und beobachte durch die Heckscheibe den fließenden Verkehr. Mit Vollgas im Rückwärtsgang versuche ich mitzuhalten, als auf einmal die Lenkung schwammig wird. Der Wagen gerät ins Schlingern. Ich versuche gegenzusteuern, habe aber keine Gewalt mehr über das Fahrzeug und wir driften auf den Gegenverkehr zu. Mit einem schrecklichen Knall endet der Traum.

Was will mir mein Bewußtsein damit jetzt signalisieren? Ein Psychoanalytiker könnte da bestimmt eine Menge heraus holen; aber ich kann nur Vermutungen anstellen. Habe ich eventuell in der Vergangenheit zu sehr rückwärts gerichtet gelebt und dadurch die Orientierung verloren?

Es ist viertel vor vier. Nachdenklich liege ich noch einige Minuten auf der harten Pritsche, bevor ich mich zum Aufstehen entschließe und hinaus gehe. Bis auf ein erleuchtetes Zimmer ist noch alles dunkel und ich kann in Ruhe den phantastisch klaren Sternenhimmel genießen. Der zunehmende Mond muß vor einiger Zeit untergegangen sein. Ohne störendes Streulicht erstrahlt das Firmament in einer Tiefe und Brillanz, wie ich es bei uns nur aus frostklaren Nächten kenne. Ich betrachte gerade das wunderschöne Band unserer Galaxie, der Milchstraße, als der Gong ertönt und nach und nach Leben in den Zimmern erwacht.

Auch wenn alle sich bemühen, ruhig und achtsam zu sein, so erscheint es mir im Vergleich zur Stille eben wie die hektische Betriebsamkeit in einem Ameisenhaufen. Darin eintauchend, mache ich mich fertig für die Morgensession.

Zuerst wird ein Text von *Thich Nhat Hanh* über engagierten Buddhismus gelesen, der die sozialen Aspekte des Buddhismus für einen harmonischen Weg im Alltagsleben beleuchtet. Dann versuche ich, es mir im Schneidersitz so bequem wie möglich zu machen und beginne mit der Morgenmeditation.

Nach den gestrigen Erfahrungen bin ich ziemlich gespannt, was mich heute erwartet. Aber durch die ruhige, gleichmäßig tiefe, lange Atmung entspannt sich mein Körper recht schnell und ich bemerke durch das Einsetzen meiner fünf Trancebegleiter, auf welchem Weg ich bin.

Bei Atemzug 55 spüre ich bereits das Kribbeln unter den Handflächen und als ich 60 zähle, trifft es mich wie ein Blitzschlag. Wie beim Hinausgehen aus der Kälte in die Sonne durchfährt meinen Körper ein Schauer, eine wohlige Energiewelle, als ob ich per Lichtschalter unter feinen, angenehm belebenden Strom gesetzt bin. Unglaublich!

Nach wie vor beobachte ich den Atem an der Nasenspitze. Er ist ganz dünn und angenehm kühlend zu spüren; aber er kommt quasi aus dem Nichts und geht ins Nichts. Mein Körper scheint durch diese Energie fast zu schweben. Ich schätze mein Gewicht auf verbliebene 5 kg, so leicht fühle ich mich.

Ich mache den Test und versuche, meine Wirbelsäule ein klein wenig aufzurichten. Durch die *Trance* sind nur ruckhafte Bewegungen möglich. Es mögen drei winzige Hebungen à 2 mm sein; aber ich habe das Gefühl, per Lift auf eine Länge von 10 m hoch zu schnellen!

Diese Energie ist so schön wohltuend und wunderbar angenehm, daß ich nur noch in ihr verweilen möchte. Mein Kopf scheint leer, klar, frei. Mein Bewußtsein kennt nichts außer Freude, Glück, Zufriedenheit. Ich sitze, schwebe, staune!

Offenbar unterbewußt zähle ich jeden Atemzug weiter, denn ich merke es erst wieder, als bei 161 das Glöckchen erklingt. Meine Atemfrequenz ist also noch niedriger geworden, denke ich automatisch. Dann wird mir das Geschehene bewußt.

So eine wundervolle, unbeschreibliche *Trance* habe ich noch nie erlebt. Es waren wahrscheinlich die berauschendsten Glücksgefühle meines Lebens. So viele Endorphine hat mein Körper noch nicht einmal beim Sex ausgeschüttet.

Mir ist immer noch total heiß, als wenn ich Fieber hätte. Dabei weht eine angenehm kühle Morgenbrise durch die Halle. Ich fühle meinen Puls, aber der ist ganz ruhig und gleichmäßig. Es gibt kein Anzeichen von Kranksein. Also nehme ich noch ein paar extra tiefe Atemzüge und versuche, auf die Erde zurück zu kommen, denn die anderen räumen bereits ihre Sachen für die Yoga-Übungen beiseite.

Ich stehe mit einer Leichtigkeit auf, die ich zuletzt als Kind empfunden habe. Beim Yoga selber sind meinen Gelenken zwar nach wie vor die natürlichen physiologischen Grenzen gesetzt, aber ich bleibe in einer ungeahnten Lockerheit. Selbst bei den unangenehmen Dehnübungen verspüre ich kaum Schmerzen. Zum Abschluß der Übungen gibt es wie immer eine 10-minütige Ruhephase und ich habe zum ersten Mal die Gelegenheit, über das vorhin Erlebte nachzudenken.

Daß es bei 60 „klick" machte und etwas passiert ist, kann ich mir leicht erklären. Es gibt nämlich in der hypnotischen *Trance* Schlüsselwörter und -begriffe, die sich derart einprägen, daß bei ihrem Auftauchen immer das gleiche Phänomen eintritt. Aber daß es derartig „klick" gemacht hat, ist mir unerklärlich. Sonst entwickeln sich die mir bekannten Trancephänomene langsam. Die Energie hätte sich kontinuierlich auf Arme, Kopf, Rumpf und Beine ausbreiten müssen. Bei der nächsten Meditation werde ich das unbedingt genauer beobachten, falls sich so eine sensationelle *Trance* wieder entwickeln sollte.

Jetzt heißt es aber erst einmal wieder zuhören, denn der Abt naht zum *Anapanasati*-Unterricht. Heute geht es um den Beginn des nächsten 4-stufigen Blocks. Vorausgesetzt, wir haben die erste Tetrade abgeschlossen und alles über das Verhältnis von Körper und Geist kraft unseres Atems bis in die hintersten Winkel erforscht, dann sollten wir viel Konzentration und noch mehr Zufriedenheit entwickelt haben.

Mit diesem *samadhi* müssen wir nun an die Erforschung des Verhältnisses von unseren Gefühlen zu unserem Geist gehen. In der Stufe 5 reflektiert man zuerst alle erdenklichen Arten von erlebten und vorstellbaren Gefühlen, um dann ein besonderes, die Freude, herauszugreifen und möglichst genau zu untersuchen.

Nichts leichter als das, denke ich, denn die Freude über das Erlebte ist in mir immer noch reichlich vorhanden. Wie üblich, verbleiben uns zwanzig Minuten zum Üben; aber ich merke, daß ich durch die freudige Erwartung viel zu aufgeregt bin. Schätzungsweise die Hälfte der Zeit ist bereits verstrichen, als ich es durch den langen, gleichmäßigen Atem endlich geschafft habe, meinen flippigen Geist zu beruhigen und mit dem Zählen beginnen kann.

Jetzt läuft alles genau wie vorhin. Die Trancebegleiter kommen, das Kribbeln entsteht und tatsächlich: bei Atemzug 60 derselbe Klick. Nur leider kann sich diesmal die Energie und das damit verbundene Glücksgefühl nicht mehr voll entfalten; denn bei 65 bimmelt schon das Glöckchen und holt mich zurück.

Wenn auch alles sehr schnell ging, so habe ich diesmal jedoch das Klicken besser beobachten können. Es erscheint mir so, als wenn sich die Energie bei 60 unter den Handflächen voll entwickelt hat und dann wie Blut mit einem Pulsschlag durch den ganzen Körper fließt. Obwohl sich das Phänomen wiederholt hat, bin ich doch etwas enttäuscht, daß ich die volle Entwicklung durch meine Aufgeregtheit vermasselt habe.

Eins ist mir aber zusätzlich klar geworden: Ich brauche unbedingt einen Termin für ein kurzes Gespräch, denn ich frage mich, ob das, was mit mir hier geschieht, noch in diesen Meditationsrahmen paßt. Als ich vorm Frühstück auf die Liste blicke, sind beim englischen Mönch gerade noch zwei Interviews frei und ich trage mich sofort ein. Hoffentlich reicht mein Englisch, um ihm meine bisherigen Erlebnisse verständlich zu machen.

Nach dem Frühstück und Ausfegen muß ich erst einmal ins Bett, denn diese Energien am Morgen haben mich ordentlich entkräftet. Zur *dhamma*-Belehrung bin ich dann wieder einigermaßen fit.

Heute fährt der englische Mönch mit seinen *dukkha*-Erklärungen fort. Es geht um das Erkennen und natürlich Vermeiden von Leid im alltäglichen Leben. Er gibt sich selber als abschreckendes Beispiel vor. Wenn er morgens beim Rasieren in den Spiegel sieht, ist er über diesen Anblick erst einmal entsetzt. So einen leidvollen Schock erfahren seiner Meinung nach 100 Prozent der Menschen, denn er hat noch niemanden getroffen, der mit seiner Erscheinung nach dem Aufstehen zufrieden ist. Er meckert über seinen zu dünnen Bizeps, müßte wohl mal ins Fitness-Studio, damit er am Strand mehr Eindruck auf die Mädels machen kann. So hat er jedenfalls lange Zeit gedacht...

Was läßt sich also tun? Leid bringt Unzufriedenheit, Meditation hingegen fördert Zufriedenheit. Und Zufriedenheit erzeugt ein gutes Selbstwertgefühl. Man wird sich seines Selbst sowohl im negativen als auch im positiven Sinne bewußt. Damit ist man besser gewappnet gegen die Versuchungen des Alltags.

Den anschließenden Meditationszyklus nutze ich diesmal hauptsächlich zum Relaxen; ich bin, ehrlich gesagt, etwas erlebnismüde. Also beobachte ich beim Gehen wieder meine Nektarvögel und während der Sitzmeditation mache ich keine besonderen Konzentrationsanstrengungen mit der Nasenspitze, sondern lasse die Atmung Atmung sein.

Trotzdem fühle ich bei 60 wieder Energie unter den Händen. Aber der große Klick kommt nicht. Ich genieße diese leichte, einfache *Trance*, die so richtig erholsam ist im Gegensatz zu dem Energiefeuerwerk vorhin. Was ist das für ein irrer Luxus, hier am vierten Tag meines ersten Meditationskurses zwischen verschiedenen *Trance*- und Glückszuständen hin und her zu wandern! Ich kann es nicht fassen.

Die abschließende halbe Stunde schlendere ich wie auf Wolke 7 durch das Gelände, besuche meine Heuschrecke, die wieder an genau der gleichen Stelle wie gestern sitzt und entdecke an einem Strauch Früchte, die wie Apfelsinen aussehen, aber bei näherer Betrachtung stachelig sind. Beim Mittagessen gibt es zum Nachtisch auch stachelige, pflaumengroße rote Früchte: die herrlichen Rambutan, die ähnlich wie Litschis schmecken.

In der Mittagspause überlege ich mir einige englische Stichworte für das Kurzinterview und entscheide, für die Meditationen bis dahin den Schongang beizubehalten. Erst einmal möchte ich wissen, was nun los ist, was das Erlebte zu bedeuten hat und wie ich weitermachen soll.

Der nun kommende *Anapanasati*-Unterricht behandelt Stufe 6, die eine automatische Folge der vorangegangenen Freude (*piti*) sein soll. Wenn man *piti* von allen Blickwinkeln betrachtet und erkennt, daß es sich um eine Art entzückter Zufriedenheit handelt, dann soll Glück (*sukha*) daraus entstehen. Dieses *sukha* wird anschließend in Stufe 6 *kontempliert*. Es ist viel von Harmonie die Rede, denn der Abt meint, Glück und Freude gehörten eng zusammen und es sei schwierig, sie auseinander zu dividieren und getrennt zu beleuchten. Aber gerade das wäre die Herausforderung dieser Meditation und wir sollten es natürlich versuchen. Da *piti* und *sukha* ja auch zu den 5 Faktoren der vollständigen Konzentration (*samadhi* - Stufe 4) gehörten, müßten wir sie bereits kennen und nun üben, sie einzeln zu erforschen.

Da ich das Forschen aber erst einmal sein lassen möchte und für mein Gefühl heute schon fast eine Überdosis *piti* hatte, lege ich bei der Meditation, wie geplant, den Schongang ein. Das heißt, ich zähle einfach die Atemzüge, ohne, wie ich es bereits vormittags getan habe, die Konzentration zu forcieren. Ich achte nicht besonders auf die Gleichmäßigkeit und Tiefe der langen Atmung, fixiere mich nicht auf die Nasenspitze, sondern erlaube es meinem Bewußtsein, auch mal abzuschweifen.

Und obwohl Gedanken - an das Interview, an das erlebte Glück, an *Nirvana* - kommen und gehen, ist es genau wie vormittags. Als ich in stummer Sprache das Wort 60 bilde, ist die Energie unter den Handflächen da und ich gleite in leichter *Trance* durch die weitere Meditation.

Ich überlege mir englische Begriffe, die Freude und Glück ausdrücken: joy, rapture, luck, merry, happiness, pleasure, satisfaction, fortune, bliss, delight, glad, deerful, amuse. Welches mag wofür die richtige Aussagekraft haben? Ich denke nur noch an das Interview, habe aber komischerweise mit diesem Ergründen der Begriffe genau das getan, was wir in Stufe 5 und 6 sollen: nämlich versuchen zu erkennen, wo die Unterschiede zwischen Freude und Glück liegen.

Während der folgenden Gehmeditation beobachte ich wieder das Vogelnest, um mich abzulenken. Dann ist es endlich so weit: 16 Uhr, Interview beim englischen Mönch.

Am liebsten würde ich alles sofort wie einen Wasserfall heraussprudeln lassen. Aber halt - Beherrschung und Achtsamkeit auch bei der Rede! Nach dem Austausch der Begrüßungsfloskeln erhalte ich auf meine Erwiderung "I'm fine, and how are you?" eine genaue Schilderung einer Entzündung, die ihn die letzten Tage gequält hat. Ich sitze wie auf Kohlen, erteile aber erst einmal fachmännischen Rat, frage, ob er etwas benötige, ich hätte Medikamente dabei. Nein, er glaube nicht, es scheint schon wieder abzuklingen.

Und dann kommt endlich die Frage "And what can I do for you?"

Ich erzähle, daß ich Hypnose gelernt habe und für mich jetzt die Meditation überraschenderweise zu einer Art Selbsthypnose geworden ist.

Er hat sich zwar vor längerer Zeit, als er in Kathmandu war, ein Buch zu diesem Thema gekauft, aber leider keinen Erfolg damit gehabt.

Also versuche ich, genau zu erklären, was bei mir abgelaufen ist. Ich erzähle von meiner Nase-Schnabel-Entwicklung, der

Trance-Entstehung, dem Schlüsselwort 60, dieser unglaublich schönen Energie und den Glücksgefühlen.

Der Vogelschnabel verwirrt ihn und paßt nicht in sein Bild vom Einsgerichtetsein; ich solle es doch noch mal mit dem Lichtpunkt versuchen. Aber die *Trance* kann er sich gut als Konzentrationsvertiefung vorstellen. Damit solle ich ruhig weitermachen und besonders diese Energie beobachten, die interessiert ihn am meisten. Da ich mich jetzt seiner Meinung nach in fortgeschrittener *samadhi*-Ausprägung (Stufe 4) befinde, was erstaunlich sei ohne Vorübungen, müsse ich immer wieder genau gleich die Stufen 1-4 bei jeder Meditation durchlaufen.

In den nächsten Tagen solle ich dann gern noch einmal vorbeischauen, um mit ihm über den weiteren Fortschritt zu sprechen. Er entläßt mich mit dem Bild eines Honigkuchenpferdes; denn das Lächeln von Ohr zu Ohr sei bei voller *samadhi*-Ausbildung unausweichlich.

Die anschließende Dreiviertelstunde bis zum *chanting* nutze ich zum Nachdenken über das Besprochene und Empfohlene. Ich suche mir eines der schattigen Plätzchen unter einem möglichst ameisenfreien Baum und überlege, warum immer alles nach dem gleichen Schema ablaufen muß. Was könnte Flexibilität für Schäden anrichten? Der Mönch hatte von mangelnder Reproduzierbarkeit gesprochen, aber mich stört, daß ich immer wieder nach diesem Lichtpunkt Ausschau halten soll.

Im großen und ganzen bin ich jedoch zufrieden mit dem Interview. *Trance* als Konzentrationsvertiefung zu erleben und Stufe 4 jetzt schon erreicht zu haben, ist ein beflügelndes Gefühl.

Ich denke darüber nach, wie ich weitermachen möchte im Gegensatz dazu, wie ich weitermachen sollte. Statt immer wieder Stufe 1-4 zu durchlaufen und die Feinheiten zu beobachten, interessiert mich eine Sache viel mehr, die ich im Begleitheft beim Durchblättern entdeckt habe. Das muß ich mir nach dem Tee noch einmal genau durchlesen.

Jetzt ist aber wieder Sprechgesangszeit. Hinter den Sinn dieser monotonen, fast monotonalen Wiederholungen bin ich nach wie vor nicht gekommen. Ich finde es einfach langweilig.

Die Liebende-Güte-Meditation hingegen ist immer sehr ergreifend. Der mit französischem Akzent sprechende Assistent, der sie jetzt übernommen hat, besitzt eine so angenehm weiche, dahinfließende Stimme, daß es wahrscheinlich niemandem hier schwer fällt, sein Herz zu öffnen und Liebe und Güte hinausströmen zu lassen. Mein Nachbar, das Schauspielerdouble, ist jedenfalls derart in sich versunken, daß er kaum in die Realität zurückfindet.

Und auch auf dem Weg zur Essenshalle herrscht eine Behutsamkeit wie selten. Niemand schlurft über den Kiesweg, alle schweben leichten Fußes dahin. Der „Tee" ist ernüchternd wie immer; aber ich freue mich schon auf die Lektüre.

Wenig später, auf dem Bett liegend, blättere ich das Heft durch und finde die Stelle im Anhang. Für gewöhnliche Leute - eben keine Mönche - sei es ausreichend, die abgekürzte Methode von *Anapanasati* zu praktizieren. Hierbei wird nach den Stufen 1-4 in tiefer Konzentration gleich zu Stufe 13 gewechselt und das beleuchtet, was mich am meisten interessiert: die Vergänglichkeit.

Dieses unerschöpfliche Hauptthema des Buddhismus hat mich schon lange fasziniert. Hieraus ergeben sich alle Leitsätze. Das Vergehen aller materiellen und immateriellen Zustände ist das zu Grunde liegende Prinzip dieser Lehre. Auch unser leidvoller Weg durch Geburt, Altern, Krankheit und Tod basiert darauf. Die Vergänglichkeit bedingt die Vier Edlen Wahrheiten und alles andere für unser Leben.

Für mich als naturwissenschaftlich geprägten Menschen scheint es unvorstellbar, daß sich alles auflöst ins Nichts. Dieses Nichts oder buddhistisch *Nirvana* soll als Zustand das einzig beständig Existierende sein. Das klingt reichlich paradox: Alles, was wir sehen, riechen, schmecken, fühlen, hören, denken, ist erdacht und das, was wir nicht sehen, riechen, schmecken, fühlen, hören, denken können, existiert? Wie man darauf gekommen ist, möchte ich gerne mal wissen! Das muß ich unbedingt zu meinem Meditationsobjekt machen.

Total in diesen Gedanken versunken, gehe ich zum Abendvortrag, der von der jüngeren Nonne gehalten wird. Ich bin dermaßen unkonzentriert, daß ich von dem Inhalt überhaupt nichts mitbekomme. Ich erinnere nur noch ihre Entschuldigung für ihr schlechtes Englisch am Schluß, das aber das bisher beste von den thailändischen Rednern war.

Die Gehmeditation fällt heute ins Wasser, denke ich, da es leise nieselt. Aber nein, der Mönch führt uns in die zweite große Halle. Ich hätte lieber schon wieder „richtig" meditiert über mein neues altes Thema, muß nun aber noch eine halbe Stunde achtsam im Kreis gehen.

Dann ist es endlich so weit. Voller Tatendrang steuere ich auf mein Kissen zu und mache es mir bequem. Ich sitze nach wie vor im Schneidersitz und wegen der Höhe der Kissen mit leicht vorgebeugtem Oberkörper, damit die Hände entspannt auf den Knien liegen können. Dies scheint für mich die beste Position zu sein, denn ich habe heute überhaupt noch keine Unannehmlichkeiten dadurch gehabt.

Zur Einstimmung nehme ich wieder zwei tiefe Atemzüge, wringe die Luft aus meinem Körper durch maximales Ausatmen heraus und fülle die Lunge vollständig mit frischem Sauerstoff. Dann beginne ich mit dem Zählen, lege meine volle Konzentration auf den langen, tiefen, gleichmäßigen Atem. Als nächstes fixiere ich die Nasenspitze - es bleibt meine eigene. Die Trancebegleiter kommen, bei 60 ist die Energie unter den Händen voll da, aber der große Klick bleibt aus.

Macht gar nichts, denke ich. Genug *samadhi* müßte da sein und dieses berauschende Glücksgefühl würde sicher nur ablenken. Auch das ist also vergänglich, ist der nächste Gedanke, womit ich dann beim Thema bin.

Wie soll ich diesen riesigen Komplex nun von allen Seiten beleuchten und erforschen? Ich fange mit Bekanntem an: Leben - Atem - Tod. Wie am ersten Tag spüre ich den guten Einfluß der tiefen Atmung auf meinen Körper und auf mein Leben.

Ich weiß nicht genau, warum, aber irgend etwas - vielleicht meine Erinnerung - bringt mich dazu, die Kehrseite der Medaille auszuprobieren. Fast automatisch mache ich den Atem immer feiner und dünner und verlangsame kontinuierlich die Frequenz. Da ich nicht auf die Uhr sehen kann, habe ich nichts Meßbares, nur meinen regelmäßigen Herzschlag. So denke ich, aber ich muß feststellen, daß auch er dieser Verlangsamung folgt. Eigentlich sollte ich erschrecken, aber über dieses Phänomen bin ich zum Glück im Bilde, denn ich habe es noch gut in Erinnerung.

Ich war 30, als ich zum ersten Mal feststellte, daß ich einige Unregelmäßigkeiten in der Pulsfrequenz habe. Ich lag entspannt auf dem Sofa und beobachtete aus Langeweile meinen Herzschlag. Nachdem ich mir der Rhythmusstörungen bewußt geworden war, fing ich automatisch an, mit der Atemfrequenz zu experimentieren. Es war eine große Erleichterung, als ich damals feststellte, wie stabilisierend gleichmäßige, tiefe Atmung wirkte.

Andererseits bemerkte ich aber auch, daß ich tatsächlich in der Lage war, meine Herzschlagfrequenz auf Null herabzusenken. Ich brauchte nur den Atem ganz ganz langsam herunterzufahren. Mein Herzschlag hat damals für einige Sekunden, vielleicht 6-7, ausgesetzt, aber es kam mir vor wie eine Ewigkeit. Nach zwei kräftigen Atemzügen setzte er dann wieder ein, aber ich war im ersten Moment ganz schön in Panik.

Und jetzt nach fünfzehn Jahren mache ich hier beim Meditieren dieselbe Erfahrung noch einmal. Diesmal lasse ich es allerdings nicht ganz bis zum Stillstand kommen, denn ich möchte meinen Körper nicht unnötig provozieren. Oder habe ich Angst?

Jedenfalls kenne ich den Weg nun wieder genau und bei geschätzten 20 Herzschlägen pro Minute atme ich rasch einige Male lang und tief durch. Schnell pegelt sich der Rhythmus wieder auf Normalmaß ein, Ruhepuls 60. Und dann ist auch schon nach Atemzug 110 Schluß, die Glocke ertönt.

Natürlich rechne ich im Geiste sofort aus, was das bedeutet: normale Atmung in den ersten 10 Minuten bis zur Zahl 60 und dann für die restlichen 20 Minuten nur 50 Atemzüge! Das müßte man mal graphisch auswerten, denkt der Naturwissenschaftler unwillkürlich.

Auf dem Weg in mein Zimmer bin ich immer noch erstaunt über diese neue Entwicklung. Als ich dann im Bett liege, wird mir endlich klarbewußt, was heute nun schon wieder hier mit mir geschehen ist: am Morgen die überschäumendsten Glücksgefühle meines Lebens und am Abend auf den Spuren des Todes.

Und das alles aus Neugier - Wissensdurst über die Zusammenhänge des Lebens, meines Lebens in dieser Welt. Ist das nicht egoistisch, sich so viel mit sich selbst zu beschäftigen? Oder ist das tatsächlich der Weg zur Selbstlosigkeit?

Tag 5 - Kosmische Energie

Heute habe ich richtig gut geschlafen, ist mein erster Gedanke, als der Gong mich weckt. Durch den leichten Regen am Abend war es etwas abgekühlt und ich konnte offensichtlich schnell einschlafen.

Durch meine Erlebnisse der letzten Tage habe ich jetzt schon so eine Zufriedenheit mit diesem *Retreat*, diesem friedvollen

Dasein hier entwickelt, daß ich denke, man müßte mir das Honigkuchenpferd bereits ansehen. Nur gibt es hier „leider" keine Spiegel - wegen des 100-prozentigen Morgenschocks? Also kann ich es nicht nachprüfen.

Auch für die blinde Rasur ist es eine Herausforderung. Ich möchte nicht wissen, wie viele vergessene Bartstoppeln verwegen in alle Himmelsrichtungen sprießen. Aber wir müssen hier ja auch nicht unbedingt schön sein und einen guten Eindruck auf das andere Geschlecht machen. Das würde die Damen sicher in ihrer Konzentration stören.

Der erste Programmpunkt heute behandelt einen Text von *Chögyam Trungpa*. Das Niedergeschriebene reflektiert Gedanken zu strafferer und lockerer Meditationspraxis. Am besten ist, wie immer, ein mittlerer Weg. Das heißt, man sollte die Meditation nicht zu verbissen und zwanghaft ausüben. Schon gar nicht sollte sie zum einzigen Lebensinhalt werden, indem man etwa von *Retreat* zu *Retreat* zieht. Andererseits ist es aber auch falsch, bei der kleinsten Störung innerer oder äußerer Art abzubrechen. Man sollte imstande sein, eine gewisse Belastung auszuhalten und deshalb unbedingt regelmäßig üben.

Für die folgende Morgenmeditation habe ich mir nach dieser Leben-und-Tod-Erfahrung gestern abend nichts besonderes vorgenommen. Wie der englische Mönch empfohlen hat, gehe ich den „normalen" Weg und suche ein Bild. Ich atme und zähle schön gleichmäßig und was ich dann sehe, erstaunt mich nicht.

Bei 52 ist der spitze, lange Storchenschnabel wieder wunderbar ausgewachsen. Etwas später, bei 60, hat sich auch die leichte *Trance* mit der kribbelnden Energie unter den Händen ausgebildet und mir ist, als wenn ich die Flügel ausbreiten könnte, um davonzufliegen.

Jetzt, in dieser Leichtigkeit, denke ich doch wieder an Vergänglichkeit, an alles, was sich verflüchtigt und davonfliegt: Gase, Abgase, Atem, Dämpfe, Gerüche, aber auch Schallwellen, Geräusche, Gespräche, Musik sowie Träume, Wünsche, Gedanken, gute Laune, schlechte Laune. Alles verweht wie der Wind und löst sich in Nichts auf.

Aus naturwissenschaftlicher Sicht stimmt das allerdings nicht so ganz. Gase mischen sich unter die Luft, indem sich die Atome, Moleküle in der unendlichen Menge der Luftmoleküle verteilen und scheinbar unauffindbar verdünnen. Wobei es auch hier Rätsel, Wunder der Natur gibt. Schmetterlinge zum Beispiel können Spuren eines einzigen Pheromon-Moleküls über Kilometer hinweg verfolgen. Wie das funktioniert, ist bis heute nicht exakt nachgewiesen.

Aber die Vergänglichkeit der Dinge hat natürlich einen guten Effekt, denn würden sich all die Abgase, Dämpfe und Gerüche nicht auflösen, hätten wir eine miserable Luft auf der Erde, die im wahrsten Sinne des Wortes zum Himmel stinken würde.

Zudem fordern wir, die Menschheit, die Erde sowieso schon in ihrer Existenz heraus. Wir haben ein schreckliches Kunstprodukt, den Ozonkiller FCKW geschaffen und heizen das Klima durch übermäßige CO_2-Belastung zusätzlich auf. Ob da die Vergänglichkeit noch rechtzeitig hilft und sich die Stoffe ohne weiteren Schaden verflüchtigen, muß die Zukunft zeigen.

Die Meditationszeit ist jetzt jedenfalls vergangen und weiter geht's mit Yoga. Unser Lehrer hat einen neuen Übungsteil in die Folge eingebaut - den Atem der Freude - und alle machen begeistert mit. Da kann man mal so richtig Dampf ablassen. Eigentlich soll es ja Freude sein, die man dabei verbreitet; aber ich habe das dumpfe Gefühl, daß es für einige Teilnehmer auch als Frustabbau sehr willkommen ist. Sie sehen jetzt zumindest sehr viel gelöster aus als vorher.

Um kurz vor sieben Uhr betrachten wir dann alle gemeinsam mit dem Abt einen wunderschönen Sonnenaufgang und pünktlich beginnt der *Anapanasati*-Unterricht.

Er wiederholt noch einmal die Stufen 1-4, erklärt das wichtige *samadhi* und meint, wenn wir keine Lust auf die vielen einzelnen Stufen 5-12 hätten, könnten wir auch gleich die Abkürzung zu Stufe 13 nehmen. Dabei handelt es sich um die *Kontemplation* der Vergänglichkeit, dem zentralen Thema des Buddhismus.

Der Abt versichert, daß er auch den vollständigen normalen Weg weiter erklären wird, aber wer schon bei Stufe 4 ist und eine gute, tiefe Konzentrationsfähigkeit entwickelt hat, darf abkürzen. Alle anderen sollten sich nach wie vor um *samadhi* bemühen oder schon Stufe 5 und 6 üben, wozu nun wieder zwanzig Minuten Zeit sind.

Das ist mir neuerdings ein wenig zu kurz; denn ich brauche bis Atemzug 60 schon zehn Minuten und die Hälfte der Zeit ist damit um. Da finde ich mittlerweile die halbstündigen Meditationen besser. Dann habe ich mehr Zeit, ein Thema zu beleuchten. Also beschließe ich, diese kurzen Übungen in Zukunft für das zu nutzen, was mir der englische Mönch aufgetragen hat: die Stufen 1-4 und die Energien genau beobachten.

Daher fange ich nun wieder von vorne an, mache zehn lange Atemzüge, dann zehn kurze Atemzüge und beobachte möglichst genau den Einfluß auf den Körper - Puls, Wärme, Kälte, Schweiß, Ruhe, Hektik. Weiter geht es wieder mit entspannter, tiefer, langer Atmung. Ein Bild erscheint nicht, aber meine Trancebegleiter und ab 52 versuche ich, die Handenergie exakt zu erforschen.

Den ersten Hauch eines Kribbelns verspüre ich im Daumen, dann geht es in die Handwurzel und danach in die anderen Finger. Bei 60 ist endlich die ganze Handfläche energetisiert und ich empfinde es fast wie ein Brennen, das viel Hitze entwickelt. Dadurch wiederum entsteht ein augenblickliches Gefühl von Druck, denn ich möchte die Hände am liebsten anheben, um die Unterseiten zu kühlen bzw. die gefangene Energie herauszulassen. Weiter passiert nichts. Ich mache den Atem bzw. die Nasenlöcher mal etwas feiner, dünner und dann gröber, weiter, ohne daß es sich merklich auswirkt. Die Hitze, auch das Brennen, bleiben wie und wo sie sind und bei 122 ist die Zeit abgelaufen.

So sieht also nun eine „normale" Meditation aus - im Vergleich zu den bisher erlebten ziemlich langweilig. Wenn es aber hilft, Klarheit in die Abläufe zu bringen, soll es mir recht sein.

Nach Frühstück und Fegen ist jetzt Wäsche angesagt. Sowohl das Bettzeug als auch einiges andere muß zur Halbzeit mal gründlich gesäubert werden. Meine Schweißabsonderung ist bei diesem Klima natürlich viel höher als zu Hause. Die Sonne lacht vom Himmel und ich bin nicht der einzige, der diese Gedanken an Reinlichkeit und gutes Wäsche-Trocken-Wetter in die Tat umsetzt. Schnell sind die über die Hoffläche gespannten Drähte mit bunten, flatternden Farbtupfern bestückt.

Das Vormittagsprogramm beginnt wie üblich mit der *dhamma*-Belehrung. Die Ex-Professorin, die sich so schön über ihren verrückten Bruder ausgelassen hat, spricht über das Leid und die Gier, die ersten beiden Edlen Wahrheiten.

Wieder geizt sie nicht mit Beispielen, beklagt, wie sie als Nonne ungewollt in leidvolle Situationen gebracht wird. Wenn sie irgendwo eingeladen ist, finden es die Gastgeber offensichtlich angemessen, sie mit Cola zu verwöhnen, da es so etwas im Kloster bestimmt nicht gibt. Dabei verabscheut sie dieses süße Gesöff wie kein anderes; aber überall, wo sie hinkommt, gibt es nur Cola.

Auch mit der Reinlichkeit auf gewissen stillen Örtchen hat sie ihre Probleme und schon viele leidvolle Erfahrungen gesammelt. So gibt es unzählige Situationen im Alltag, in denen durch das Leid der Haß auf etwas und die Begierde nach etwas anderem geschürt werden.

Wieder ist es die pure Freude, ihrem Vortrag zu lauschen. Sie bringt diesen ernsten Stoff dermaßen humorvoll an uns heran, daß alle mit strahlenden Gesichtern zur Gehmeditation aufbrechen.

Ich suche mir wieder zwei freie Säulen in der großen Halle und beobachte kurz die Vögel. Anscheinend wächst das Junge gut heran und ich entscheide mich, es doch einmal wieder mit Meditation zu versuchen.

Wie ich es abends beim Mönch gesehen habe, erfühle ich meinen Weg mit geschlossenen Augen. Hier in der Halle stört außer den Säulen nichts und ich kenne bereits die Anzahl der Schritte bzw. Atemzüge, die dazwischen passen: zwölf. Ich übe die erste Bahn. Die Länge stimmt, aber ich bin doch ganz schön abgeschwenkt. Wie soll ich blind die Richtung halten? Der glatte Fußboden gibt keine Anhaltspunkte und... da spüre ich den Wind.

Nachdem ich mich umgedreht habe, weht mir geradewegs von der gegenüberliegenden Säule beständig ein laues Lüftchen entgegen. Immer der Nase nach - es ist mehr die hohe Stirn, die es fühlt - gehe ich darauf zu und es klappt prima. Mit Rückenwind ist die Ortung schwieriger, aber nach zwei weiteren Bahnen habe ich mich eingelaufen.

Die Hälfte der Zeit ist bereits vorüber und es beginnt allmählich, Spaß zu machen, die Welt zu erfühlen. Meine Konzentration liegt allerdings nicht an der Nasenspitze beim Atem, sondern etwas höher beim Wind und unter den Fußsohlen.

Ich überlege, welche Möglichkeiten ich noch hätte. Hören ginge, wenn es irgendwo eine konstante Geräuschquelle geben würde. Und natürlich könnte man riechen. Da wir aber nicht, wie die Hunde, mit der Nase am Boden entlang laufen, erscheint mir das am schwierigsten.

Also versuche ich, meine ganze Konzentration auf die Ohren zu lenken, richtungsweisende Geräusche sind allerdings schwer auszumachen. Das Vogelgezwitscher wechselt andauernd und die Windgeräusche in den verschiedenen Bäumen kann ich beim besten Willen nicht unterscheiden. Aber es fasziniert mich total, diese anderen Sinnesorgane zu prüfen und zu schärfen, ohne mich immer nur von den Augen leiten zu lassen.

Also richte ich wieder alle Aufmerksamkeit auf den Wind und den Boden. Drei Bahnen schaffe ich noch, dann ertönt leise der Gong, um wie immer den halbstündigen Wechsel anzuzeigen.

Noch eine schöne neue Erfahrung, denke ich beim Hinübergehen. Im gleichen Moment fällt mir ein, daß wir als Kinder gerne Blinde Kuh und Topf schlagen gespielt haben. Diese Spiele mit verbundenen Augen zeigen einem auch, daß man nicht nur damit „sehen" kann.

Für die folgende Sitzmeditation habe ich mir nun, in Ergänzung des gestrigen Abends, gleich den nächsten Brocken vorgenommen: die Vergänglichkeit meines Lebens. Ich bereite mich wie gewohnt mit dem Auswringen der Lungen vor, atme nur lang und tief und beobachte die Atmung an der Nasenspitze. Aber ich bin etwas durch meine hohe Stirn abgelenkt, denn auch hier in dieser Halle streicht das laue Lüftchen ebenmäßig darüber hinweg.

Und ich beobachte schon wieder einen Automatismus. Ich versuche, meinen Atem dem Wind anzupassen, damit zu spielen, mit der Einatmung einen Lufthauch einzufangen und die Ausatmung ganz fein in der Brise zu verteilen. Genau bei 60 ist, wie schon gewohnt, die leichte *Trance* da und ich beginne, über mein Leben nachzudenken.

Mit dem Wind dahinschwebend, betrachte ich die Atemzüge als Momente meines Lebens, die gekommen sind und vergangen wie die Gefühle, die Freuden, der Neid, die Liebe, die Eifersucht, das Glück, die Trauer bei bestimmten Ereignissen, die mir jetzt alle wieder einfallen.

Ich denke an den Körper selber, wie es sein mag, wenn mein Leben endet und der letzte Atemzug verweht. Und auf einmal merke ich es: ich löse mich auf. Da ich das Ausatmen ja ganz fein und dünn gemacht habe, um es gleichmäßig im Wind zu verteilen, habe ich das Gefühl, daß mein Körper auch fein und dünn wird. Er löst sich auf zu einem nebulösen, weißlich schillernden Gebilde, das dann mit einem letzten Atemzug durch die enge Nasenöffnung entweicht wie ein Flaschengeist durch den engen Flaschenhals.

Natürlich weiß ich, daß sich mein Körper nach dem Tod irgendwie auflösen wird, egal, ob ich verbrannt oder beerdigt werde. Aber hier geht es um etwas ganz anderes.

Mir zeigt dieses Bild unzweifelhaft, wie mit dem letzten Atemzug genau das Wesentliche von mir entweicht, das ich als Essenz meines Lebens auf der Erde hinterlassen möchte: Ideen, Gedanken, Visionen, Impulse - auch zur Reinkarnation. Alles, was als Anregung hier bleiben soll, muß ich als ganz besonders feine Schwingungen in den letzten Atemhauch legen. Diese Energien wird der Wind dann dahin tragen, wo sie gebraucht werden.

Nicht umsonst hat die Forschung herausgefunden, daß auch der Flügelschlag eines Schmetterlings am Amazonas eine Voraussetzung für ein Gewitter bei mir zu Hause sein kann. Warum sollte es also mit meinem letzten Atemzug prinzipiell anders sein? Dadurch bekommt unsere Redewendung „sein Leben aushauchen" einen viel schöneren Sinn.

Optimal wäre es natürlich, wenn man am Ende in der Lage ist, diese Todesvorgänge genau zu kontrollieren. Der Film „Little Buddha" zeigt, wie es ein tibetischer *Lama* praktiziert. Wissend, daß sein irdisches Dasein an ein Ende gekommen ist, setzt er sich zur Meditation und bestimmt den Ablauf des Sterbens offensichtlich selbst.

Mit der Erfahrung von gestern Abend vor Augen, kann ich mir diesen körperlichen Prozeß gut vorstellen: den Pulsschlag langsam absenken und bei 0 die letzte Ausatmung. Für das Mentale allerdings, die Sammlung der Essenz, bedarf es sicherlich einer langen Übung. Auch dabei ist unsere Atem-Meditation hier bestimmt sehr hilfreich.

Bei diesen Überlegungen habe ich den Gong kaum gehört und sicher schon fünf Minuten überzogen, aber so ein faszinierendes Thema zu beleuchten, wollte ich einfach nicht abbrechen.

Sechs andere Teilnehmende sitzen noch in der Halle und meditieren offensichtlich weiter, wobei ich bei der kleinen Japanerin vorne rechts bereits öfter mal gedacht habe, daß sie wohl eher schläft, denn alle zwei Minuten kippt ihr Kopf nach vorne, wie bei einem Nickerchen. Besonders gut ist das frühmorgens festzustellen, wenn sie schon während der Lesung in diesen Zustand tiefster „Versenkung" verfällt.

Andererseits zeigen mir diese Beobachtungen, wie sehr ich mich immer noch ablenken lasse, anstatt meine Aufmerksamkeit nach innen zu richten. Das sollte vom Anspruch her bei diesem *Retreat* besser sein, aber während meines gewohnten Rundgangs vorm Mittagessen denke ich, daß Außenreize, besonders neutrale Beobachtungen der Natur, sehr nützlich für das Bewußtsein sein können.

In Bezug auf Menschen fällt so etwas schon schwerer, da man automatisch immer wertet und positive oder negative Vergleiche zieht. Eine andere Person nur neutral, ohne Vorurteile und Gefühle zu sehen, ist eine der schwersten Übungen. Meistens schätzt man mit dem Blick ab und bildet sich sein endgültiges Urteil im Gespräch. Und darauf bilden wir uns dann viel ein!

Was ist das für eine Überheblichkeit, aus der Mißgunst, Neid und Leid entstehen. Über das Leben der anderen wissen wir Bescheid, haben gute Ratschläge und halten mit unserer Meinung selten hinterm Berg; aber die eigenen Schwächen und Laster werden verdrängt, damit niemand sie bemerkt.

Die Wissenschaftler meinen, daß wir die einzigen Lebewesen mit derartiger „Intelligenz" sind; nur, wohin hat uns die gebracht? Natürlich gibt sie uns die Fähigkeit, Liebe, Glück und Harmonie zu empfinden. Aber andererseits hat sie in zunehmendem Maße auch zu den unvorstellbarsten, perversesten Grausamkeiten, Folterungen, Morden und Kriegen geführt. Und das Unglaublichste daran ist zudem, daß es den „Machthabern" immer gelingt, die „Untertanen" zum Mitmachen, zum Vollstrecken zu bewegen.

Ich glaube, die Anlage ist in allen Menschen vorhanden, solche Grenzerfahrungen vom Guten bis zum Abgrundschlechten zu machen. Aber eigentlich sollten wir intelligent genug sein, sie nicht auszuleben!

Oder beißt sich da etwa die Katze in den Schwanz und das ganze Gehabe und Gerede um diese besondere menschliche Fähigkeit ist auch nur eine von unseren vielen Einbildungen? Was ist, so gesehen, eigentlich unsere Intelligenz wert? Wieder ein tolles Thema zum Ergründen.

Aber jetzt ist erst einmal Mittag. Ruhepause für den Geist, körperliche Bedürfnisse müssen befriedigt werden. Auch um die Wäsche muß ich mich kümmern. Sie ist zwar noch nicht trocken, aber am Horizont hat sich eine ziemlich schwarze Wolke zusammengezogen, die auf uns zu kommt. Also nehme ich das wichtigste, die Bettwäsche für die Nacht, auf die überdachte Leine zwischen den Säulen.

Die restliche Zeit verdöse ich, auch mentale Aktivität macht mich nach wie vor müde. Als ich zum Nachmittagsunterricht gehe, tröpfelt es bereits. Nun werden die T-Shirts also noch mal gut durchgespült. Nach einem kräftigen Tropenschauer scheint bereits eine Dreiviertelstunde später wieder die Sonne.

Der Abt hat in der Zwischenzeit die schwierige Stufe 7 des *Anapanasati*-Weges erklärt. In ihr sollte man erkennen, wie Freude und Glück das Bewußtsein steuern und dabei doch nur einfache Herzenstrübungen sind, obwohl wir sie als besonders schön empfinden. Aber dieses Denken in gut und schlecht bewertenden Kategorien ist verfänglich, führt zu Anhaftungen und somit zu mehr *dukkha*.

Während der kurzen Meditation habe ich bei dem rauschenden Regen wieder meine Energie-Betrachtung geübt, ohne neue Erfahrungen zu machen. Jetzt dampft die dunkle Erde in der Sonne und ich komme mir vor wie in der Sauna, als ich den kurzen Weg hinüber zur anderen Halle, zur Gehmeditation nehme.

Erneut versuche ich, die blinden Schritte zu üben, aber ich schwitze so stark, daß mir mein eigenes Salzwasser in den fast geschlossenen Lidspalt zieht und die Augen zu jucken anfangen. Also gibt es keine weiteren Experimente, sondern ich wische lieber regelmäßig den Schweiß beim sehenden Gehen und beobachte meine kleinen Vögel.

Auch die folgende halbstündige Sitzmeditation steht noch ganz unter dem Eindruck dieser tropisch heißen Luftfeuchtigkeit. Bei jedem Atemzug - egal ob kurz oder lang - habe ich eher das Gefühl, in warmer Brühe zu ertrinken, als dem Körper frischen Sauerstoff zuzuführen. Ich brauche fast fünfzehn Minuten, um die Atemtechnik so weit zu verfeinern, daß ich eine leichte Kühlung der Nasenschleimhaut beim Einatmen empfinde.

Während der restlichen Zeit beschäftigt mich noch einmal die Intelligenz. Lange Zeit wurde sie fast ausschließlich mit dem logischen Denkvermögen gleichgesetzt, aber im Computerzeitalter hat man erkannt, wie diese Rechenmaschinen uns auf ihrem Spezialgebiet weit hinter sich lassen. Die sind mit ihrer Versuch- und Irrtum-Taktik meistens eher am Ziel als wir mit unserer Logik. Dies kann also nicht die Krone der Schöpfung bedeuten.

Wie ist es mit der Phantasie? Heutzutage wird von intelligenten Menschen erwartet, daß sie kreativ sind, eigene neue Wege für schwierige Abläufe finden und dabei Unbekanntes abstrahieren. Aber was ist in unserer Zeit von den lebenswichtigen Vorgängen noch unbekannt?

In meinen Augen verzetteln wir uns. Besonders die Wissenschaftler tun sich hervor, indem sie für jede gefundene Antwort gleich fünf neue Fragen entwickeln, um ihren Stellenwert zu unterstreichen. Dabei wurde mit Albert Einsteins $E=mc^2$ (Energie gleich Masse mal Lichtgeschwindigkeit zum Quadrat) die letzte zur Zeit wichtige Antwort gegeben. Alle Kräfte sollten nun darauf gerichtet werden, die Überlebensfragen auf diesem Planeten zu lösen. Das wäre wahre Intelligenz!

Stattdessen wird zum Mond, zum Mars und sonstwohin geflogen, um von den Problemen auf der Mutter Erde abzulenken. Die Biologen haben intelligenterweise sogar den menschlichen Gen-Code geknackt und stellen sich nun die Frage, wo die Intelligenz wohl verschlüsselt ist!

Das sind doch alles Nebenkriegsschauplätze, fehl geleitete Energien, die viel sinnvoller eingesetzt werden müssen. Ein jeder weiß, wie es um die Umwelt, unsere Lebensbedingungen steht. Keiner kann sich in dieser Mediengesellschaft herausreden, denn man hat genug gehört von Ozonloch, Sommersmog, El Niño und Treibhauseffekt.

Aber bis auf eine Handvoll Engagierter stecken alle die Köpfe in den Sand. Das spricht nicht für das Vorhandensein von Intelligenz. Die Suche der Wissenschaftler nach immer neuen Teilaspekten gerade gefundener Details entfernt sich immer weiter vom eigentlichen Ziel.

Wir haben zur Korrektur dieser dramatisch schlechten Umweltentwicklung alle nötigen Informationen zur Hand. Es muß nur endlich jemand den Mut finden, „Halt! Stop!" zu sagen oder die Erde löst unsere Vogel-Strauß-Politik auf ihre eigene Art.

Schon wieder habe ich einige Minuten überzogen und setze mich jetzt für die restliche Zeit bis zum *chanting* an den großen Fischteich. Die Nachmittagssonne steht bereits recht tief und ein leichter Wind über dem Wasser bringt endlich die ersehnte Abkühlung. Ein Kormoran sitzt auf einem Pfahl und hat die Flügel zum Trocknen ausgebreitet. Fische springen um ihn herum, wohl wissend, daß er ihnen jetzt nichts mehr tut. Da kommt plötzlich ein Eisvogel herabgeschossen und packt sich einen der Übermütigen. Unachtsamkeit wird im Tierreich eben sehr oft mit dem Tod bestraft. Nur selten bekommen Gefangene, wie die Maus von der Katze, noch eine zweite Chance und können - mit Intelligenz? - entwischen.

Statt mich von den anstrengenden Meditationsgedanken zu erholen, bin ich nun also schon wieder beim Thema Vergänglichkeit - Leben und Tod - angelangt. Zum ersten Mal freue ich mich etwas auf den ungeliebten Sprechgesang. Der wird den Kopf hoffentlich freipusten.

Ich murmele also nicht mehr unbeteiligt vor mich hin, sondern konzentriere mich auf den Text und zeige Einsatz durch Lautstärke. Die härteste Nuß ist das fünfte der acht Mönchsgebote. Dieser Vierzeiler sollte in einem Atemzug rezitiert werden, aber das klappt nur mit dünner, leiser Stimme. Da der englische Mönch uns Männer aber nach wie vor zu mehr Engagement auffordert, rufe ich lauter und schaffe somit nur drei Zeilen.

Total auf den Text fixiert, vergesse ich beim nächsten Stück, daß der Mönch die Einführungszeile alleine vorträgt und töne zeitgleich mit ihm los. Er fragt mich sofort, ob ich jetzt die Einleitungen übernehmen möchte. Alle lachen natürlich und ich schüttle den roten Kopf. Das ist „instant karma": über den übermütigen Fisch herziehen und dann selbst auf die Schnauze fallen. Achtsamkeit zu jedem Zeitpunkt zu bewahren, ist schon extrem schwer! Also übe ich bis zum Ende wieder gedämpftes Gemurmel.

Die *Metta*-Meditation läuft nach dem gewohnten Muster ab und nach Tee und Ruhepause begrüßt uns der Assistent mit dem französischen Akzent zum Abendvortrag.

Er freut sich, daß fast alle bis zur Halbzeit durchgehalten haben und beglückwünscht uns zu dem eingeschlagenen Weg. Der könne auch in der zweiten Hälfte noch recht hart werden, egal, ob man schon kurz vor der „Erleuchtung" stehe oder gerade am Anfang des Stufenweges. Wichtig sei, den Gedanken der Liebenden Güte im Herzen zu tragen und keine Aversionen aufzubauen. Zum einen nicht gegen sich selbst, indem man zu hohe Erwartungen an sich stellt. Zum anderen auch nicht gegenüber Mitmenschen, die zum Beispiel stundenlang kerzengerade vor einem sitzen und schon so „weit" sind.

Niemand ist weit, alle sind auf dem gleichen Weg, der *Nirvana* zum Ziel hat. Er hofft, daß wir erfolgreich sein werden und wünscht uns für die nächsten fünf Tage alles Gute.

Während der anschließenden geführten Gehmeditation bin ich wieder mal Mitläufer. Ziemlich am Ende der Schlange plaziert, summieren sich bei mir die Stockungen. Ich muß oft stehen und dann schnell gehen, sehr unerquicklich.

Ich denke bereits an die nächste halbe Stunde: Wie will ich sie nutzen? Soll ich mir wieder ein Thema vorknöpfen? Da ich aber schon so viel Neues heute für mich ergründet und erlebt habe, entscheide ich mich für nichts Spezielles, sondern lasse die Meditation dann einfach laufen.

Nur läuft es überhaupt nicht wie sonst, sondern es geschehen nochmals wundervolle Dinge mit mir. Meine *Trance* und die vertraute Energie unter den Händen entwickeln sich bis 59 nämlich nur ganz schwach, dafür macht es dann bei 60 wieder so richtig „klick" und ich habe das Gefühl, als wenn mich jemand an den nicht existenten Haaren in die Höhe zieht.

Die Wirbelsäule wird exakt senkrecht ausgelotet. Ich hätte nie geglaubt, so aufrecht sitzen zu können. Absolut kerzengerade durchdringt mich dann in gleicher Sekunde ein Energiestrahl von oben, daß mein Körper von den Haarspitzen bis zum Allerwertesten erzittert.

Für einen kurzen Augenblick habe ich die Vision eines imaginären Lehrers, der mir befiehlt: „Nun mach dich endlich mal gerade, damit es weitergehen kann!"

Und wie es weiter geht! Diese universelle, kosmische Energie lädt mich auf wie einen leeren Akku. Ich fühle, wie sie sich gleichmäßig von der zentralen Achse bis zu den entlegensten Zellen vorarbeitet. Dieser Prozeß dauert ungefähr sieben Minuten. Als ich eben über die hundert gezählt habe, wird das Prickeln langsam schwächer. Und nach weiteren fünfzehn Atemzügen ist es ganz weg - auch unter den Handflächen.

Total erstaunt, was das nun zu bedeuten hat, sitze ich immer noch kerzengerade da und habe das Gefühl, eine Frischzellenkur und neue Kraft bekommen zu haben. So stelle ich es mir jedenfalls vor, wenn man um zwanzig Jahre verjüngt wird. Keine Spur von Vergänglichkeit, sondern eher von: auf ein Neues, nun aber richtig!

Die letzten Minuten der Meditation genieße ich einfach dieses Gefühl der Fitness. Diese schmerzfreie Leichtigkeit des Schneidersitzes ist deutlich anders als in *Trance*. Dort ist die Körperlichkeit fast aufgehoben, jetzt hingegen spüre ich die volle Kraft der Muskeln, als wenn ich Bäume ausreißen könnte.

Fit wie ein Turnschuh gehe ich also zu Bett - die Wäsche ist zum Glück trocken - und kann natürlich nicht einschlafen. Noch lange liege ich wach und denke über die Bedeutung dieser Vorgänge nach.

So langsam keimt in mir der Gedanke, als ob hier Dinge mit mir passieren, die fremdgesteuert sind. Vielleicht bekam ich deshalb diese erfüllende Kraft geschenkt. Jedenfalls habe ich die Meditation kaum noch unter Kontrolle, so wie es bei diesem gleichmäßig aufgebauten Stufenweg eigentlich der Fall sein sollte. Andererseits sind es dermaßen faszinierende Erlebnisse, die ich nicht missen möchte.

Mit dem Vorsatz „also weiter so" schlafe ich dann endlich ein.

Tag 6 - Nirvana

Als ich nach ca. drei Stunden Schlaf gegen viertel vor vier aufwache, spüre ich zuerst meinen heißen Kopf. Sofort setzen die Gedanken ein: Fieber, Krankheit, hat's dich jetzt auch mal in den Tropen erwischt? Allerdings fühlt sich der restliche Körper normal und recht fit an. Kein harter Puls oder sonstige Fiebersymptome, wahrscheinlich war es nur ein aufregender Traum, an den ich mich nicht mehr erinnern kann.

Beim Ertönen des Gongs bin ich bereits beim *Mandi* und versuche, mit kräftigen Güssen meine Schädel-Kalotte zu kühlen. Aber es bewirkt eher das Gegenteil. Nach der kurzzeitigen Erfrischung empfinde ich das heiße Gefühl noch intensiver. Was soll's, immerhin weht ein leichter Wind und mir ist recht angenehm, zumal der Körper scheinbar ziemlich fit von dem abendlichen Energiezufluß ist.

Die Morgenlesung behandelt heute einen Text von *Christina Feldman* und *Jack Kornfield* über das Loslassen als Zentrum des spirituellen Handelns. Auch hier also wieder dieses Thema des nicht Anhaftens an Dingen, Gefühlen, Gedanken. Rechtzeitiges Loslassen erspart die oft leidvolle Erfahrung ihrer Vergänglichkeit. Es ist schon erstaunlich, wie sich im Buddhismus alle Erfahrungen auf einige wenige Kernsätze reduzieren lassen. Für die Morgenmeditation möchte ich dieses Thema am liebsten übernehmen und mir gleich einmal überlegen, auf was ich alles verzichten könnte und sollte.

Die gefühlte Temperatur meines Kopfes beträgt geschätzte 39° C und ich beginne mit den atemtechnischen Vorbereitungen, beginne zu zählen, beginne, den Atem an der Nasenspitze zu beobachten, ihn zwecks Kühlung gut an der Schleimhaut entlang zu führen und bemerke - nichts, überhaupt gar nichts!

Weder meine gewohnten Trancebegleiter stellen sich ein, noch ist irgendeine Energie unter den Handflächen zu spüren und vorm inneren Auge ist alles schwarz, absolut schwarz! Ich kann nicht einmal das üblicherweise durch die geschlossenen Augenlider hindurchscheinende Kerzenflackern sehen.

Ich bin mit dem Zählen schon weit über die 60 hinaus, ohne irgendeine Reaktion. Mein Kopf ist so leer, als hätte ich nie irgendwelche Gedanken gehabt. Es fällt mir enorm schwer, mich auf irgend etwas zu konzentrieren. Das Atmen und Zählen läuft automatisch, aber sonst ist da nur diese dumpfe, lähmende Leere. Und natürlich meine Glühbirne. Diesen heißen Kopf spüre ich pausenlos.

Als die halbe Stunde vorüber ist, muß ich mich erst einmal sammeln und dieses gedankenlose schwarze Nichts regelrecht abschütteln.

Ob das womöglich mit diesem gestrigen Energieschub zusammenhängt und mein Schädel davon so aufgeheizt wurde?

Jetzt ist jedenfalls wieder Yoga dran. Diese Morgengymnastik mit dem Atem der Freude wird den Körper sicher wieder ins rechte Lot bringen. Mittlerweile kann ich die meisten Übungen schon recht gut mitmachen, aber einige Kraftteile sind noch sehr anstrengend und schweißtreibend. Heute fällt es mir jedoch merklich leichter als gestern und ich fühle mich am Ende richtig gut nach diesen 66 Übungsteilen.

Kaum schwitzend und kein bißchen erschöpft, räume ich die Yogamatte beiseite und meine Kissen wieder an ihre Stelle. Alles ist okay, bis auf meinen heißen Kopf, meine Glühbirne - gefühlte Temperatur ca. 40° C.

Der *Anapanasati*-Unterricht soll uns den Abschluß der zweiten Tetrade, die Stufe 8, nahebringen. Es geht darum, sich absolut bewußt zu sein, wie die Gefühle unser Denken beherrschen.

Wenn wir in Stufe 7 erkannt haben, wie wir sowohl positiv als auch negativ in unserem Bewußtsein eingestellt werden, dann heißt es jetzt, diese Versuchungen des Geistes abzustellen. Der Abt erklärt noch einmal, daß wir von den schönen Gefühlen immer wieder verführt werden, manche sogar süchtig danach werden und dann die Enttäuschung und das Leid beim Vergehen dieser Gefühle unendlich erscheinen. Deshalb ist das wichtigste Ziel dieser Meditation, unser Bewußtsein von allen Anhaftungen frei machen zu können.

Durch die Erkenntnis der Vergänglichkeit der Gefühle und ihres Leid auslösenden Charakters kommt der Geist in Stufe 8 nahezu automatisch in einen Zustand der Ruhe, der Leere und des nicht mehr Beeinflußbarseins. Am besten wäre es, wenn wir dieses Konditioniertwerden des Bewußtseins mit der Meditation sogar steuern könnten. Dann sind wir nämlich bereit für die nächste Tetrade; aber das wird später behandelt.

Für die folgende kurze Meditation läßt er uns wieder die Freiheit, das zu üben, was wir können oder möchten. Ich muß unbedingt meiner Glühbirne auf den Grund gehen.

Mit Erleichterung stelle ich fest, daß sich dieses merkwürdige schwarze Nichts von vorhin offensichtlich verabschiedet hat. Durch die geschlossenen Augenlider kann ich gut das Scheinen der aufgehenden Sonne wahrnehmen und bei 60 ist auch wieder die Energie unter den Handflächen leicht spürbar.

Im Gegensatz zu diesem eher kribbeligen Gefühl, das sich meistens in wohlige Wärme steigert und Druck auslöst, ist die Hitze am Kopf eher fließend, wellenförmig, zirkulierend, aber durch die hohe Temperatur auch unangenehm und belastend für den Körper. Selbst bei voller Konzentration auf dieses Phänomen kann ich keinen Ausgangspunkt oder eine Ursache erkennen. Es ist eben da und ich muß es erst einmal ertragen.

Nach dem Frühstück und Ausfegen ist es dann auch vorbei mit der Fitneß. Die Tagestemperatur steigt allmählich und meine Glühbirne beginnt, mich erheblich zu stören. Da sich auch noch Müdigkeit einstellt, entscheide ich mich für ein kleines Nickerchen in der Hoffnung, daß sich der Kopf wieder normalisiert.

Als ich dann eine Stunde später vom Gong geweckt werde, ist es eher schlimmer geworden. Vielleicht liegt es an der gestiegenen Außentemperatur, aber meine gefühlte Kopftemperatur beträgt jetzt schon 41° C. Hohes Fieber ohne weitere körperliche Symptome. Es ist einfach lästig.

Und dann noch das Thema der *dhamma*-Belehrung: es geht schon wieder um *dukkha*! Als wenn ich noch nicht genug leide! Muß ich mir das schon wieder anhören?

Der Mönch, der die abendliche Gehmeditation anführt, hat einen 2x3 m hohen tibetischen *Thangka* aufgehängt, auf dem das „Rad des Lebens" dargestellt ist. Es ist in mehrere Bereiche unterteilt und alle haben nur einen Sinn, die Ursachen des menschlichen Leidens möglichst klar aufzuzeigen.

Vor einem universellen Hintergrund - alles ist nichts ist *Nirvana* - ist ein riesiger Dämon, die Gier, dargestellt. In seinen Klauen hält er das Rad des Lebens, diesen *samsarischen* Kreislauf unseres bedingten Entstehens und Vergehens. In zum Teil drastischen Einzelbildern sind alle erreichbaren Stufen irdischen Lebens vom Fegefeuer bis zu den Göttern aufgezeichnet und auch die 12 bedingenden Ursachen sind anschaulich ausgemalt.

Dieser äußere Kranz hat es dem Mönch besonders angetan. Mit fröhlichen Worten beschreibt er immer wieder die für den Buddhismus geltenden sechs Sinnesorgane: Auge, Ohr, Nase, Zunge, Körper, Geist und womit sie in Kontakt kommen: Auge sieht das Ding, Ohr hört das Geräusch, Nase riecht den Geruch, Zunge schmeckt den Geschmack, Körper bemerkt die Berührung und der Geist entwickelt das Bedürfnis. Durch diese Kontakte entstehen Gefühle des egoistischen Verlangens und der Anhaftung, die, wie könnte es anders sein, zu *dukkha*, *dukkha*, *dukkha* führen.

Ich mag das Wort schon gar nicht mehr hören. Es dröhnt wie Hammerschläge auf dem Amboß in meinem heißen Schädel. Und der Mönch wiederholt diesen Abschnitt bestimmt zehn mal, so daß das Wort mindestens dreißigmal aufschlägt. Es ist nicht auszuhalten.

Zerschlagen und zermürbt schleppe ich mich in die Säulenhalle zur Gehmeditation. Ich muß jetzt unbedingt in einen dunklen, „kühlen" Raum, denn diese Kopfhitze mit der gefühlten Temperatur von 42° C und auch das Sonnenlicht erscheinen mir als unerträgliche Belastung. Wie ein Schlafwandler, zumindest stelle ich es mir so vor, ziehe ich meine Bahnen und würde die Glühbirne am liebsten abschrauben. Das geht natürlich nicht, also versuche ich, mit der Atmung Kühlung zu bekommen. Ich atme möglichst scharf durch die Nase ein und aus, damit kräftige Luftwirbel die Schleimhäute abkühlen. Irgendwie überstehe ich so diese halbe Stunde und wanke dann im „Fieberwahn" zurück zur Sitzmeditation.

Während der letzten Minuten ist ein merkwürdiges Gefühl entstanden und ich werde mir dessen jetzt im ruhigen Sitzen erst richtig bewußt: Ich brüte etwas aus. Diese Energie hat offensichtlich etwas zu bedeuten und ich bin mir auf einmal sicher, daß etwas passieren wird.

Also reiße ich mich zusammen, versuche trotz der Hitze wieder alle Konzentration auf die Atmung und die Nasenspitze zu legen und fange an zu zählen.

Meine Trancebegleiter zeigen mir, daß die Konzentration ausreichend ist. Bei 60 ist etwas Energie unter den Handflächen entstanden und der Kopf wird heißer und heißer - gefühlte Temperatur unmögliche 45° C. Außer dieser Erwärmung passiert nichts, keine Bilder, keine Gedanken, keine weiteren Trancephänomene und ich zähle und atme weiter und weiter.

Da ich wegen der Gleichmäßigkeit maximal 4-silbige Zahlworte innerlich bilde, ergibt sich nach hun-dert-zwan-zig wieder der gewohnte Sprung zu ein-und-zwan-zig und als ich fürchte, daß der Kopf zu explodieren droht, passiert es.

Genau bei 60 (160) platzt meine Glühbirne tatsächlich am höchsten Punkt. Wie damals mit dem weißen Licht wird die Energie schlagartig frei und es gibt phantastische Phänomene. Ich komme mir vor wie eine übersprudelnde Quelle. Wasserfallartig überströmen mich Wärme- und Glücksgefühle, vergleichbar mit einem Ölguß beim *Ayurveda* - nur viel schöner. Es ist wieder einmal so unbeschreiblich faszinierend, daß mir, glaube ich, sogar der Atem stockt.

Jedenfalls habe ich vergessen, weiterzuzählen. Also folgt nun 61 und es fließt und fließt. So viel Energie - bestimmt auch die von gestern abend - hat sich angestaut, daß die Quelle niemals zu versiegen scheint.

Mir ist immer noch heiß - gefühlte Temperatur 40° C -, nur dürfte ich jetzt wieder aussehen wie ein Honigkuchenpferd, denn mir ist durch diese wohligen Glücksgefühle so warm ums Herz, daß ich gar nicht weiß, wohin vor lauter Wonne.

Aber das ist noch nicht alles. Als ich zum zweiten Mal bei 120 (eigentlich 220) zum Zahlensprung ansetze - den Gong habe ich einfach beim ruhigen Genießen überhört -, passiert das Unvorstellbare.

Schlagartig sinkt meine Körpertemperatur um mindestens 10° C und mir ist augenblicklich klar: das ist *Nirvana*. Das ist also diese *coolness* im wörtlichen Sinn.

Alles fällt von mir ab: die Energien, die Körperlichkeit, das Anhaften, das Genießen, das Glück. Ich empfinde nur noch reine Klarheit, absolut frei von jeder Beschmutzung, leer wie ein Vakuum.

Und ich sehe - mein schönes helles, weißlich changierendes Licht. Nur scheint es diesmal aus unendlich weiter Ferne, ist aber durch die Reinheit deutlich und klar als nebulöser Glanz zu erkennen. Dieser matte Schimmer umgibt mich total, kommt nicht von einem Punkt, ist nicht gerichtet, hat kein Ziel.

Sonst ist da nichts, keine Dinge, keine positiven oder negativen, gut oder schlecht bewertende Gefühle, nur diese absolute, neutrale, reine, lichte Klarheit.

Und das gilt offensichtlich auch für meinen Geist. Schlagartig wie der Temperatursturz laufen die unglaublichsten Prozesse ab. Mein Bewußtsein spult plötzlich in ca. einer Sekunde mein bisheriges Leben wie einen Film ab. Ich kann anschließend beliebig darin hin und her schalten, es ist alles bis ins kleinste Detail vorhanden.

Und nicht nur das, genau so eine Zeitreise läuft als Film vom Urknall bis zum Ende des Universums ab, allerdings mehr global und nicht auf mich als Individuum bezogen. Ich komme mir vor wie ein kleines Kind vorm Fernseher - unwissend, unverdorben drücke ich mal diesen, mal jenen Knopf, sehe hier eine Szene, dort ein Bild und begreife eigentlich überhaupt noch nichts. Auch mit dieser wunderbaren Klarheit muß ich erst einmal lernen umzugehen.

Als bei 27 (eigentlich 327) zum zweiten Mal der Gong erklingt und zum Mittagessen ruft, brauche ich einen Moment, um wieder in meinen Körper zurück zu finden und normale Bewegungsabläufe in Gang zu setzen.

Mein Geist ist allerdings sehr fit. Blitzschnell wurde die Atemfrequenz - einschließlich Aussetzer - auf ca. fünfeinhalb pro Minute hoch gerechnet, das interessiert den Naturwissenschaftler in mir nach wie vor.

Auch diese *coolness* ist offenbar, genauso wie die Hitze, nur eine gefühlte Täuschung gewesen, denn mir ist nicht kalt und ich schwitze schon wieder bei dem Gedanken, jetzt hinaus in die Glut der Mittagshitze zu müssen. Aber die Freude überstrahlt alles.

Zum einen ist diese extreme Hitzeempfindung weg und ich fühle mich körperlich annähernd normal, zum anderen waren da diese unfaßbaren Wahrnehmungen: erst überströmendes Glück und dann die Wahnsinns-Einsicht in *Nirvana*. Ich kann es wirklich nicht begreifen, was nun wieder mit mir passiert ist.

Zudem habe ich nicht das Gefühl, diese sensationellen Vorgänge zu kontrollieren oder gar zu steuern. Ich setze mich hin, konzentriere mich so gut es geht und lasse geschehen, was geschehen soll. Das entspricht nicht gerade der klassischen Vorstellung von Meditationspraxis, trotzdem habe ich am 6. Tag einen Einblick in *Nirvana* erhalten.

Jetzt ist aber erstmal Schluß mit dem Grübeln. Fast alle anderen sind bereits unterwegs zur Essenshalle und Pünktlichkeit ist hier ungeschriebenes Gesetz. Ich komme noch rechtzeitig, fülle mir mein Essen auf und gehe zu einem freien Platz, als mein Blick auf die Frauenseite fällt. Die haben doch tatsächlich, im Gegensatz zu uns, bei ihren Speisen einen Teller mit meinen heiß geliebten Papayas stehen!

Für einen Sekundenbruchteil keimt in mir Protest. Warum die und nicht wir? So eine Günstlingswirtschaft!

Dann muß ich laut auflachen. Das war die köstlichste Prüfung für mein Ego, die man sich denken kann. So komisch ist es eben auf dieser Welt: erst siehst du *Nirvana* ... und dann geht's ab zum Lunch.

Nach dem Essen gehe ich in mein Zimmer zur Mittagsruhe, aber Ruhe habe ich zur Zeit nicht. Der Schnarcher nebenan packt scheinbar Dinge hin und her und raschelt unentwegt. Naja, schlafen kann ich nach diesen aufregenden Erlebnissen doch nicht. Also nehme ich noch einmal das Handbuch und blättere auf der Suche nach Erklärungen wahllos darin herum.

Wiederum im Anhang finde ich einen interessanten Text. Danach müssen 7 Faktoren beim Erwachen (*bojjhanga*) zusammenarbeiten: mit *sati* wird ein ausgesuchtes Teil des *dhamma* festgehalten, mit *vicara* wird dieses Ding bis ins letzte untersucht, daraus entsteht *viriya*, das führt zu *piti*, daraus ergibt sich *passaddhi* und schließlich *samadhi*. *Upekkha* ist nötig, um den Vorgang zu bewachen.

Auf mich bezogen, könnte das bedeuten: Die Achtsamkeit (*sati*) wird auf den Atem (*dhamma*teil) gelenkt, dieser genau analysiert (*vicaya*), es entsteht Energie (*viriya*), das führt zu Zufriedenheit und Glücksgefühlen (*piti*), diese genießend, ergibt sich die nötige Ruhe (*passaddhi*) des Geistes, um in höchstmöglicher Konzentration (*samadhi*) *Nirvana* zu erreichen.

Das nötige Maß an Gleichmut (*upekkha*) hat sich bestimmt im geduldigen Ertragen des unangenehmen Hitzegefühls gezeigt.

Ob das stimmt, muß ich unbedingt mit dem englischen Mönch besprechen. Als ich vorhin nach dem Mittagessen im Vorbeigehen auf die Liste blickte, waren für heute bereits alle Termine vergeben. Also muß ich mich morgen früh rechtzeitig eintragen.

Mit Theorie und Praxis soll es nun im Nachmittagsunterricht weiter gehen. Der Abt hofft, daß wir die zweite Tetrade, in der zu erkennen ist, wie die Gefühle den Geist prägen, gut verstanden haben und bereit für den dritten Abschnitt sind.

Die Stufen 9-12 befassen sich ausschließlich mit dem Geist, um ihn vollständig von Anhaftungen zu befreien. Zunächst wird der Geist in Stufe 9 genau beobachtet. Er ist selten neutral, sondern läßt sich meistens von Erkenntnissen und Gefühlen leiten und befindet sich in allen möglichen Zuständen. Diese Trübungen und Beschmutzungen - *kilesa* genannt - werden in drei Gruppen eingeteilt: 1. *lobha* - die Gier, 2. *dosa* - der Haß und 3. *moha* - die Verblendung.

Zu diesen drei Kategorien lassen sich alle Zustände zuordnen. Wir müssen erkennen können, daß Lust, Glück und Liebe egoistisch sind und zur Gier gehören. Übelwollen, Abneigung, Ärger sind eindeutig Haßeigenschaften und zur Verblendung sind Zweifel, Neid, Angst und Sorgen, aber auch die Hoffnung zugehörig. Das ist ein weites Feld und es braucht viel Übung, um die Bandbreite der Gefühle diesen drei Gruppen zuzuordnen.

Wer möchte, kann das jetzt in den verbleibenden zwanzig Minuten versuchen, aber auch den kurzen Weg oder die reine Atembetrachtung können wir üben.

Und ich gehe wieder meinen Weg, wohin er mich auch führen mag. Da ich in der kurzen Zeit nicht weit kommen werde, beschäftige ich mich einfach mit dem, was ich heute morgen vorhatte, meinem Ego. Die köstliche Prüfung vom Mittagessen vor Augen, versuche ich nochmals, meine Anhaftungen zu ergründen, um festzustellen, was entbehrlich wäre.

Als ich durch die Trancebegleiter merke, daß genügend Konzentration erreicht ist, stelle ich mir zuerst vor, was ich alles besitze. Erstaunlicherweise fühle ich keine Beklemmungen bei dem Gedanken, mich tatsächlich von allem zu trennen. Nur das Abgeben des schönen Hauses und das Loslassen einiger persönlicher Erinnerungsstücke wäre schon hart.

Mit dem Immateriellen verhält es sich genau so. Auf alles Erfahrene und bis zu diesem Moment Gefühlte könnte ich ebenfalls verzichten, aber auch hier würde einiges schwer fallen und ohne die Liebe von und zu meiner Freundin wäre das Leben unvergleichlich ärmer.

Und damit bin ich beim Kern des Egos, bei meinem Leben. Könnte ich mich davon jetzt trennen? Natürlich könnte ich, aber nur, wenn ich müßte. Wenn ich zum Beispiel weiß, daß das Flugzeug, in dem ich sitze, beim Absturz ins Meer zerschellt, dann muß und kann ich mich auf den Tod einstellen. Aber jetzt will ich es natürlich nicht, warum sollte ich ausgerechnet jetzt mit meinem Leben abschließen?

Manches in diesen Denkmodellen erscheint mir einfach zu hypothetisch, zu theoretisch. Es mag ja wertvoll sein, wenn man auf möglichst viele Eventualitäten gut eingestellt ist und gefaßt darauf reagieren kann, aber schließlich sind wir keine Mönche und Nonnen, die allem entsagen wollen.

Ich werde mit Sicherheit weiterhin so egoistisch sein, mich gesund zu ernähren und dabei das zu essen, was mir auch schmeckt. Ein Mönch hat keine Wahl, er muß das nehmen, was ihm gegeben wird und weiß nicht, wie es zubereitet wurde. Da ist eins nicht besser oder schlechter für das Ego als das andere. Bei beiden Ernährungsformen ist das Vertrauen zum Hersteller die Grundvoraussetzung.

Das Ablegenkönnen des Egoismus ist eine schöne Sache, aber das Ablegenmüssen ist für Laien erst beim Tod, beim Übergang ins endgültige *parinirvana* nötig. Das Wort Egoismus beinhaltet auch unseren Selbsterhaltungstrieb und ohne den stirbt man unweigerlich.

Und das möchte ich momentan nicht, dafür habe ich einfach noch zu viel vor. Zum Beispiel meine Neugier, meinen Wissensdurst zu stillen und jetzt gleich nach den Vögeln zu sehen. Heute vormittag war ich dazu einfach nicht in der Lage, aber nun kann ich wieder in Ruhe bei der Gehmeditation beobachten, wie sich die Eltern fürsorglich um das Junge kümmern.

Zufrieden ziehe ich meine Bahnen zwischen den Säulen und bemerke, daß mein Kopf schon wieder heißer wird. *Piti* und *viriya* arbeiten also bereits wieder zusammen, stelle ich beruhigt fest und als ich zur Sitzmeditation zurück gehe, ahne ich schon, was wieder kommen wird.

Bei 60 natürlich die Handflächenenergie und dann fällt gleich beim ersten Erreichen der 120 die Hitze einfach ab und die *coolness* ist erneut da. Das Bewußtsein hält sich gar nicht mehr lange mit Zwischenstufen auf, klick - klack - geht's ab ins *Nirvana*. Damit soll man auch erst mal fertig werden.

In dieser erstaunlich frischen, hellen Klarheit fällt es mir natürlich leicht, Beobachtungen zu machen und Schlüsse zu ziehen. Als erstes bemerke ich jetzt, daß sich diese kühle Frische auf 99% des Körpers erstreckt, aber die Hände haben ihren energiegeladenen Zustand behalten. Sie fühlen sich nun sogar noch wärmer an gegenüber dem *coolen* Rest.

Ansonsten spüre ich vom Körper nichts. Er fühlt sich federleicht an, wie in der vollen *Trance*. Erst, wenn ich meine Aufmerksamkeit irgendwohin lenke, wie jetzt auf die Nasenspitze, spüre ich auch den Atem. Alles wird scheinbar vom Unterbewußtsein koordiniert - sogar das Zählen läuft wie von allein weiter - und das Bewußtsein ist total leer und frei für das, was ich zu tun gedenke.

Und wieder bin ich bei meinem Dasein angelangt. So lange ich auf dieser Erde lebe, bin ich für mein Handeln und Denken verantwortlich und niemand kann mir das abnehmen. Da helfen keine Lebensversicherung und kein Arzt, wenn ich meinen Körper zum Beispiel durch Rauchen vergifte oder mich falsch ernähre. Der Arzt kann allenfalls Symptome lindern und die Versicherung gibt mir nach dem Tod das Leben auch nicht wieder zurück. Die Suppe auslöffeln muß immer ich.

Und das betrifft natürlich nicht nur die Eigenverantwortlichkeit, sondern noch viel mehr den Umgang mit anderen Menschen, Tieren und Dingen. Schaden, den ich anrichte, kann ich entweder durch Reparatur wieder gut machen oder ich muß ihn unbedingt vermeiden, denn ein Schaden am Leben eines anderen ist selten zu reparieren. Da helfen keine Haftpflicht und kein Sündenerlaß. Die moralische Verantwortung bleibt immer auf meinen Schultern liegen.

Also brauche ich ein gutes, starkes, gesundes Ego, um ein sinnvolles Leben zum Wohle aller inklusive mir zu führen. Daß das nicht in selbstsüchtigen, selbstgefälligen Egoismus ausarten darf, versteht sich von selbst, aber andererseits muß ich mit mir selbst erst einmal zufrieden und im Reinen sein, um beurteilen zu können, was das Handeln zum Wohle aller bedeutet. Da ist die

Abgrenzung zwischen selbstgefällig und selbstzufrieden manchmal schwierig.

Die Auslegungen des *Theravada*-Buddhismus in Thailand empfinde ich in diesem Sinne als sehr streng. Auch Mönche und Nonnen sind in erster Linie Menschen und müssen sich mit ihrem Ego in das soziale System integrieren.

Ich kann daher gut die Kritik der *Mahayana*-Schule verstehen, daß es sich um selbstsüchtige Gedanken handelt, sich ganz aufs *Nirvana* zu fixieren und dabei seine Aufgaben und Pflichten hier auf der Erde zu vernachlässigen.

Wo kämen wir denn hin, wenn sich tatsächlich alle ins *Nirvana* verkrümeln? Schließlich haben auch die Menschen, wie jedes andere Lebewesen, eine Funktion auf diesem Planeten.

Da ich bei diesen Gedanken schon wieder die Zeit überzogen habe, bleiben mir nur noch zwanzig Minuten für meinen Rundgang vor dem *chanting*. Nach dieser „coolen" Sitzung trifft mich die Tropensonne wie ein Brenneisen und ich flüchte schnell unter eine Palmengruppe in den Schatten. Obwohl die Sonne schon recht tief steht, hat sie bei diesem klaren Wetter doch eine enorme Kraft und mein Körper hat immer noch genügend Probleme mit seiner eigenen Energiearbeit.

Beim Sprechgesang halte ich mich dann auch wieder schön zurück und nach der Liebenden Güte geht's zum „Tee". Aber, oh Wunder, heute steht da ein Pott dampfender, heißer Schokolade!

Womit haben wir das verdient, wo wir doch auf die schönen Dinge des Lebens verzichten sollen? Offensichtlich hat auch hier jemand erkannt, daß wir noch keine Mönche und Nonnen sind und allem entsagen müssen. Oder ist es nur ein Test, eine Versuchung?

Mir ist es egal, ich gönne mir bereits den dritten Becher, als ich merke, daß mir schon wieder ganz schön heiß ist. Natürlich schiebe ich es auf das Getränk, denn ich kenne die erhitzende Wirkung von Schokolade. Schließlich wurde Kakao schon von den Maya als Anregungsmittel eingesetzt. Als ich auf meinem Bett liege, habe ich richtige Hitzewallungen am ganzen Körper und der Schweiß rinnt in Strömen.

Also doch eine Versuchung, die auch noch gleich bestraft wird. Eigentlich hätte ich es besser wissen sollen und vorsichtiger sein müssen, aber meine Gier ist scheinbar nach wie vor stärker als meine Vernunft. Da nützt offensichtlich auch keine Einsicht in *Nirvana*.

Also wieder Handeln statt Grübeln, falsche Aktionen mit guten Taten beheben. Ich gehe zum *Mandi* und gönne mir kräftige Körpergüsse, um den erhitzten Leib zu beruhigen. Es hilft kurzzeitig, aber nicht nachhaltig. Als ich zum Abendvortrag gehe, rinnt der Schweiß pausenlos und ich muß bei diesen Hitzewallungen an die Wechseljahre denken. Ob es schon so weit ist? Sicher wird es durch diese unfaßbaren Erfahrungen hier einige Veränderungen in meinem Leben geben.

Den Abendvortrag hält die ältere Nonne und auch sie kommt auf dieses Thema zu sprechen. Die Veränderungen, die sie in den letzten fünfzig, sehr bewußt gelebten Jahren ihres Lebens mitbekommen hat, lassen sie mit Sorge an die Zukunft denken.

So, wie in der heutigen Ellbogengesellschaft das Konkurrenzdenken und der Egoismus geschürt werden, kann es nicht weitergehen. Dieses materialistische Streben ist sinnlos und entspricht nicht dem, was das Leben sinnvoll macht. Sie wolle zwar nicht die guten alten Zeiten heraufbeschwören, aber erinnert sich und uns daran, daß weniger oft mehr ist. Das heißt, in bescheideneren Verhältnissen gibt es viel mehr wohlwollende Mitmenschlichkeit und Herzenswärme.

Da jetzt vielerorts der Reichtum ausgebrochen ist, gibt es dementsprechend auch viel mehr Neid und Mißgunst. Nochmal erinnert sie an die unglückseligen Wünsche der heutigen Jugend und wünscht uns, daß wir die richtigen Lehren aus diesem *Retreat* für unser weiteres Leben ziehen.

Bei der Gehmeditation reihe ich mich heute im vorderen Drittel ein. Diese Stockungen gestern Abend waren doch recht unerquicklich. Vorne kann ich wenigsten gleichmäßiger mitlaufen und versuchen, jeden Windhauch mit passender Haltung einzufangen, um den erhitzten Körper zu kühlen.

Ich warte bereits gespannt auf die abschließende Sitzmeditation, hoffend, durch die *coolness* wieder Linderung zu erhalten. Und es klappt tatsächlich.

Obwohl ich sogar etwas getrickst und einige Zahlen ausgelassen habe, sind bei 60 die Hände warm und bei 120 der Geist klar und der übrige Körper kühl. Es ist wahrlich grandios und auch etwas unheimlich, was hier abgeht und mit mir möglich ist!

Erfreut lasse ich mich in diese angenehme Frische fallen und versuche sie zu genießen. Aber mein Bewußtsein läßt mir jetzt keine Ruhe mehr. Es kommt mir schon fast *kontemplations*süchtig vor, denn es knüpft sofort an den Gedankengang von heute Nachmittag an und fragt mich geradezu, was meine Funktion und die der anderen Menschen auf diesem Planeten eigentlich ist.

Natürlich fällt mir gleich mein ärztlicher Eid ein, zum Wohle aller zu handeln. Aber ist es so einfach für meine Person und wie sieht es grundsätzlich mit der Menschheit aus?

Entwicklungsgeschichtlich gehören wir als Pflanzenfresser mit der zusätzlichen Fähigkeit, Fleisch zu verwerten, zu den Regulatoren, Katalysatoren und Stabilisatoren auf diesem Planeten. Außer ein paar Ausscheidungen und einigen Nachkommen, können wir nichts Sinnvolles für die Erde produzieren, so wie es zum Beispiel die Pflanzen mit der Photosynthese tun. Wir haben also von Natur aus ähnliche Funktionen wie andere tierische Lebewesen.

Regulieren bedeutet: Pflanzen und Saat sammeln, vermehren, verwerten, verteilen sowie Schlechtes und Krankes ausmerzen wie zum Beispiel lahme Tiere fangen und verzehren. Katalysieren heißt: durch unsere fast einzigartige Kreativität sind wir in der Lage, neue Entwicklungen und Prozesse in Gang zu setzen. Stabilisieren meint: durch die beiden vorgenannten Eigenschaften sind wir flexibel, anpassungsfähig und können vieles ausgleichen, was aus dem Gleichgewicht zu geraten scheint.

So sollte es sein. Wir sind also hier, um harmonisierend auf den Planeten einzuwirken. Was für ein Hohn, wenn man dagegen die aktuelle Entwicklung sieht!

Mit diesem negativen Gedanken werde ich jetzt zu Bett geschickt, denn das Glöckchen erklingt und beschließt die Abendrunde. Leider ist mit dem Ende der Sitzung auch die angenehme *coolness* beendet und ich gehe trotz dieser überwältigenden Erfahrungen heute etwas mißmutig in mein Zimmer.

Da ich diese Energie offensichtlich im Normalzustand nicht in den Griff bekomme, liege ich noch lange erschöpft wach, schwitze vor mich hin und grüble, was zu tun ist. Meine einzige Hoffnung bleibt das Interview morgen und ein guter Rat vom englischen Mönch. Es ist Mitternacht, als ich zum letzten Mal zur Uhr blicke und dann endlich wegdämmere.

Um 2 Uhr greife ich erneut zur Taschenlampe, um die Uhrzeiger zu entziffern. War das eben ein merkwürdiger Traum!

Ich habe mich in orangefarbener Kluft als thailändischer Mönch gesehen. Es ist Nacht im Kloster, sehr viele einheimische Besucher kommen und ich stehe an einer Abzweigung mit ebenso vielen beleuchteten Wegen. Jeder Besucher nennt sein Ziel und ich muß ihm genau den richtigen Weg zeigen. Was für eine verantwortungsvolle Aufgabe!

Wenn das kein richtungweisender Traum für die Zukunft ist! Deutlicher geht's nicht mehr. Das ist schon eher ein Wink mit dem Laternenmast als mit dem Zaunpfahl.

Ich soll also wissen, wo es langgeht und bald in der Lage sein, es auch anderen Menschen mitzuteilen? Da bin ich aber gespannt, wie das geschehen soll! Ich mag es einerseits nicht, vor einer Menschenmenge aufzutreten, andererseits ist Schreiben auch nicht meine Stärke. Vielleicht ist so eine Verbreitung ja zukünftig mittels Meditationstechnik auf telepathischem Wege möglich. Ich lasse mich überraschen wie bei allen Dingen hier.

Mir ist immer noch verdammt heiß und ich bin total verschwitzt, aber um diese Uhrzeit - es ist bereits halb drei - kann ich unmöglich ein *Mandi* nehmen. Also mache ich meinen Waschlappen mit etwas Trinkwasser aus der Flasche feucht und lege ihn mir auf die Stirn. Das gibt etwas Linderung, reicht allerdings nicht zum Einschlafen. Ich liege einfach wach und versuche, mit der Atmung die Schleimhäute zusätzlich etwas zu kühlen. Wie schön wäre jetzt ein Ventilator. Aber sofort kommen mir Bedenken, daß der Stromverbrauch dafür sicher nicht angemessen wäre, nur um mir das Schwitzen zu verschönern.

Bin ich degeneriert, verweichlicht oder brauche ich, suche ich womöglich ab und zu nach einem Grund, um zu jammern? Denn im Alltag hat das Leiden auch seine angenehmen Seiten. Man kann sich bedauern lassen und bekommt dadurch Zuwendung, Anteilnahme und auf jeden Fall Aufmerksamkeit.

Außerdem ist es zum Volkssport geworden, sich am Leiden anderer zu weiden. Ganze Wirtschaftszweige, wie z.B. die Medien, leben heutzutage davon. Wer will schon hören, wie gut es einem geht, nein, am Boden zerstört muß man sein. Das Leid ist eine Schlagzeile wert.

Natürlich brauchen wir unsere tägliche Portion Jammerns. Denn genauso wie wir ständig unsere Uhren vergleichen und abgleichen und stellen, um uns in dieser normierten Gesellschaft zurechtzufinden, genauso braucht jeder sein Quäntchen Leid, um zu vergleichen und festzustellen, daß es keinem besser geht als dem anderen, egal ob arm oder reich.

Bei diesen Gedanken ist endlich etwas Zeit vergangen - die Uhr zeigt kurz nach halb vier - und ich stehe auf und gehe vor die Tür, um die frische Nachtluft direkt auf der Haut zu spüren. Ehe es in diesen Betonkammern abkühlt, ist die Nacht meistens schon vorüber. Draußen sehe ich den Mond gerade untergehen, ein wunderschönes Naturschauspiel, denn er beleuchtet malerisch einige Wolken am Horizont.

Als der Gong ertönt, kann ich wieder gut beobachten, wie das Leben in diesem kleinen Dorf erwacht. Da ich bereits meine Badeshorts anhabe, bin ich heute der Erste am *Mandi*. Die kühlenden Wassergüsse schaffen es auch diesmal noch nicht, die Energie zu bändigen, aber wenigstens ist der Schweißfluß erst einmal eingedämmt.

Halbwegs erfrischt gehe ich zur Morgenlesung, die heute die Gedanken eines Lehrers aus einem anderen buddhistischen Kloster in Thailand zur Herzensentwicklung wiedergibt. Jetzt kommen wir also auch hier zur vielerorts eingeforderten Warmherzigkeit.

Sofort muß ich an meine Lieblingsepisode mit dem Dalai Lama denken. Nach einem Vortrag wurde ihm die Frage gestellt, wie man diese Warmherzigkeit am besten entwickle. Nach kurzer Bedenkzeit kommt, beim Griff zur Teetasse, seine knappe Antwort: „Hot drink!" Worauf er augenblicklich in sein ansteckendes, kollerndes Lachen verfällt, bevor der ganze Saal losprustet. Ein perfektes Beispiel für einfachen, klaren, nicht schadenfrohen, nicht verletzenden Humor, der selten geworden ist heutzutage und diesen großen Lehrer auszeichnet.

Bei der anschließenden Morgenmeditation versuche ich wieder den gleichen Trick von gestern Abend, meine persönliche Abkürzung. Ca. 20 Prozent der Zahlen unterschlage ich und es klappt trotzdem vorzüglich. Scheinbar kommt es hauptsächlich auf die Schlüsselwörter an: 60 - „klick" - energetisierte Hände, 120 - „klack" - *coolness*.

Und mein Bewußtsein wartet bereits mit der Anschlußfrage an die letzte Meditation gestern Abend: Wie steht es um die Harmonie auf diesem Planeten?

Daraufhin rattert in atemberaubendem Tempo dieser Film vom Universum vor meinem inneren Auge ab, daß mir eigentlich schwindlig werden müßte. Zum Glück weiß ich, daß unterbewußt das ruhige Luft holen und Zählen weitergeht, aber das Bewußte ist schon irrsinnig. In dieser absolut leeren Klarheit des Geistes laufen einfach unvorstellbare Prozesse ab.

Ich lasse diesen Film noch mal in Zeitlupe abspulen und sehe folgendes: Da ist zuerst mein ungerichtetes, matt schimmerndes, weißliches Licht. Plötzlich gibt es eine blitzartige Explosion und Energien werden freigesetzt. Diese Disharmonie war offensichtlich eine einmalige gravierende Störung im System, denn sofort versuchen die Energien, wieder in Harmonie zu gelangen. Sie verdichten sich, gehen Verbindungen ein in Atomen, materialisieren sich dadurch, bilden Partnerschaften in Molekülen. Alles nur, um sich möglichst schnell zu stabilisieren, denn ungebunden sind sie sehr labil.

Zusätzlich gibt es nach der Explosion ein ganz anderes Licht. Es ist viel heller, reinweiß und changiert nicht, sondern leuchtet mit brillanter Konstanz und ist zielgerichtet. Die harmoniesüchtigen Partikel und Moleküle verdichten sich immer weiter und langsam entstehen Sterne, Sonnen, Sonnensysteme, Galaxien und alles, was unser jetziges Universum ausmacht.

Als ich erkenne, welch feines, sensibles, filigranes, schwebendes Gebilde diese Welt ist, stehen mir die Tränen in den Augen. Jedes Teil in diesem vollendeten Gefüge muß sich ständig wandeln, drehen, umorganisieren, damit die Stabilität des Ganzen gewahrt bleibt. So ist das Bauprinzip eines Atoms nicht zufällig dem eines Sonnensystems ähnlich, denn offensichtlich sind diese sensiblen Schwebezustände nur durch Rotation in Harmonie zu halten. Auch ein Kreisel funktioniert nur, solange er sich dreht!

Daß die Materie, an die wir uns gern klammern, tatsächlich nichts anderes als die Energie aus dem sogenannten Urknall ist, hat uns die Genialität Albert Einsteins gezeigt. Seine Formel $E=mc^2$ besagt, daß die Masse das gleiche ist wie Energie im Verhältnis zu einer Konstanten im Quadrat.

Eine Konstante, wie zum Beispiel das bekannte π für den Kreis, ist als Umrechnungsfaktor wichtig, ändert aber nichts an der prinzipiellen Gleichheit von Energie und Masse. Wenn wir ein Stück Eis nehmen, dann ist das Wasser für uns feste Materie, wenn es dagegen verkocht, dann ist es nur noch Energie als heißer Dampf.

Als nächstes sehe ich unsere Erde, den blauen Planeten, den Kreisel, der vor Millionen von Jahren durch einen Asteroiden fast aus der Bahn geworfen wurde und nun um die Sonne schlingert. Auch hier herrscht ein unheimlich sensibler Schwebezustand vor. Minimale Veränderungen bedingen Eiszeiten oder Hitzeperioden, aber gerade diese Gegensätze haben sich ständig wieder ausgeglichen, angeregt und die labile Harmonie immer wieder ins Lot gebracht, eine unglaublich faszinierende Geschichte.

Dann sehe ich einen Menschen, sehe mich, sehe wie ich, wie alles tatsächlich aus der gleichen Ur-Energie aufgebaut ist. Wieder schießen mir die Tränen in die Augen, als ich erkenne, wie alt ich im Prinzip bin, da es eigentlich nichts Neues gibt, sondern nur diese ca. 15 Milliarden Jahre alte Energieform, die sich notgedrungen ständig umorganisieren muß. Daraus bin ich, ist jeder, ist alles entstanden: aus dem Zwang dieser Ur-Energie, sich immerfort neu zu strukturieren, um die Harmonie aufrechtzuerhalten.

Zur letztendlichen Beantwortung meiner Meditationsfrage komme ich aber nicht mehr, denn die Glocke läutet und ein Überziehen ist vorm Yoga nicht möglich. Nach so viel Denksport qualmt mir quasi der Kopf vor Hitze und ich mag gar nicht an weitere Körperertüchtigung denken. Also lasse ich es ruhig angehen und vermeide jedwede Anstrengung.

Ich komme relativ locker durch die Übungen, aber der Schweiß fließt trotzdem in Strömen aus allen Poren. Langsam beginne ich, meinen Körper zu bewundern bei dem, was ich ihm hier abverlange und zumute.

Vor dem Morgenunterricht suche ich mir ein Plätzchen, wo ich mich zur Abkühlung in den Wind stellen kann. Am Rande des Fischteichs kann ich eine schöne Brise wahrnehmen und gleichzeitig dem wundervollen Sonnenaufgang zusehen.

Ich überlege mir noch einmal die Zusammenhänge des vorhin Gesehenen und muß schmunzeln bei dem Gedanken, daß sich mein alter Physik- und Mathelehrer ob solcher Vereinfachungen im Grabe umdrehen würde. Dabei erscheint es doch so simpel: nur das, was in der Lage ist, sich zu wandeln, ist stabil. Das

Unflexible, Starre zerbricht wie Eis. Oder wie das Sprichwort sagt: Glück und Glas, wie leicht bricht das!

Aber offensichtlich mögen die Menschen das Feste, Starre lieber und fürchten sich vor Veränderungen. Diese meiden sie, weil sie eine unsichere, schwerer planbare Zukunft bedeuten. Es ist schon tragisch, daß dadurch als Folge Unglück und Leid unausweichlich sind.

Läßt uns dieser dämonische Teufelskreis des „Rad des Lebens" immer mehr abstumpfen und eigentlich menschliche Fähigkeiten verkümmern? Warum das Festhalten am nur scheinbar Felsenfesten? Gerade Veränderungen machen das Leben doch interessant, fordern den Geist. Neue Erfahrungen erweitern den Horizont, sowohl im Beruf als auch in der Partnerschaft. Sie regen den Austausch und die Kommunikation an. Und oft sind sie auch eine Herausforderung für unsere Kreativität, für die menschliche Intelligenz.

Es ist außerordentlich schade, daß sich heutzutage immer mehr Menschen von dem Pseudokommunikationsmittel Fernsehen „unterhalten" lassen, statt die persönliche Unterhaltung mit anderen Mitmenschen vorzuziehen. Das Medium Fernsehen ist doch nur eine Einbahnstraße. Reden können wir mit ihm nicht und verfallen somit selbst in eine verhängnisvolle, gebannte Starre. Eine Lethargie, die man besonders gut bei Kindern beobachten kann, die vor dem Fernseh- oder Computer-Bildschirm sitzen.

Natürlich müssen die guten Errungenschaften der modernen Technik genutzt werden, aber im Einklang mit der Umwelt und unseren Sinnen!

Ich bin froh, daß ich so naturverbunden aufgewachsen bin und auch heute noch so leben kann. Sonnenaufgänge habe ich schon unzählige bewundern dürfen, aber jeder ist wieder einzigartig schön. Als der Abt kommt, stehen noch ganz viele Teilnehmende mit mir am Wasser, gefesselt und in gebannter Starre durch dieses Naturschauspiel. Aber hier werden alle unsere menschlichen Sinne angesprochen und gefordert. Wir machen komplexe Erfahrungen, die kein Fernseher der Welt vermitteln könnte.

Der *Anapanasati*-Unterricht führt dieses Thema auf anderer Ebene fort. Der Abt redet von den unzähligen Gefühlen, die durch unsere Sinnesorgane ausgelöst werden und hofft, daß wir gemäß Stufe 9 lernen, sie der selbstsüchtigen Gier, dem selbstgefälligen Haß oder der selbstzweifelnden Verblendung zuzuordnen. Dann sind wir bereit für den nächsten Schritt.

Auf Stufe 10 sollen wir den Geist erfreuen, fröhlich und zufrieden machen. Wenn wir es schaffen, das Bewußtsein nur mit diesem Gefühl zu füllen, ohne irgendeine andere Störung, dann haben wir es endlich ganz unter unserer Kontrolle. Diese Gewalt über unseren sonst unbändig erscheinenden Geist ist wiederum Voraussetzung für die nächsten Schritte. Da es extrem schwierig ist, reine, pure, ungetrübte Freude zu empfinden und diesen Bewußtseinszustand zu halten, sollten wir es am besten gleich üben.

Lang einatmend, tief ausatmend, bewachen wir den Luftstrom an der Nasenspitze. Einzig daran denkend, entwickeln wir Zufriedenheit über diesen Prozeß, die uns automatisch erfreuen wird. Diese Freude ist durch nichts getrübt und nun unser Meditationsobjekt.

Denkste! sage ich mir. So heiß wie mir nach wie vor ist, kann ich schlecht an pure Freude denken! Ich versuche lieber, in der kurzen Zeit noch mal die Hitze zu beobachten. Dieser anstrengenden Energie muß ich doch irgendwie beikommen können.

Also bemühe ich mich, nach Erlangung der nötigen Konzentration eine mögliche Quelle, einen Ursprung zu finden. Aber diese anfeuernde Wärme ist so gleichförmig, ungerichtet und diffus über den Körper verteilt, daß mir spontan nur der Vergleich mit dem Lichtschein meiner *Nirvana*-Einsicht zu Bewußtsein kommt. Also bleibt mir einerseits als Erklärung nur die kosmische Energie und andererseits die Hoffnung auf ein hilfreiches Interview.

Vor dem Frühstück sind die Listen bereits wieder umlagert und ich ergattere den gleichen Termin um 16 Uhr wie vor drei Tagen. Es gibt scheinbar immensen Erklärungs- und Gesprächsbedarf. Alle dreißig möglichen Interviews bei den fünf Lehrenden sind nach dem Essen bereits vergeben, wie ich im Vorbeigehen zum Ausfegen sehen kann.

Nach dieser Arbeit versuche ich, etwas Schlaf zu bekommen, aber mein erhitzter Körper läßt mich nicht. Also noch ein *Mandi* und ab geht's an ein schattiges, luftiges Plätzchen, anders ist es nicht mehr auszuhalten.

Die *dhamma*-Belehrung wird heute von der älteren, humorvollen Nonne vorgenommen. Sie spricht über den Abt und über sein schwer verständliches Englisch. Das soll schon Teilnehmende veranlaßt haben, diesen schönen Ort zu verlassen. Sie erzählt von den Eltern und der Kindheit dieses außergewöhnlichen Mannes, erwähnt seine ganz einfache Schulbildung und seinen Selbstunterricht in Fremdsprachen. Dann beschreibt sie seine Verdienste für den Buddhismus und redet über sein wichtiges Wirken im Kloster und für dieses *Retreat*. Es ist eine einzige Lobeshymne, die um Nachsicht für die wenigen Unzulänglichkeiten dieses großartigen Lehrers wirbt.

Sie schüttet sich wieder aus vor Lachen über dieses sehr spezielle *dukkha*, die für sie unverständliche Dummheit der Teilnehmenden, die wegen fehlender Artikel und Präpositionen ein derartiges *Retreat* abbrechen. Die Nonne ist sich absolut sicher, daß wir hier das Beste von Thailand bekommen und wer das nicht erkennt, hat es nicht verdient.

Für die anschließende Gehmeditation suche ich erneut einen Platz zwischen zwei Säulen auf und fühle den angenehm kühlen Beton unter den Füßen. Ich beobachte die Vögelchen und versuche, jeden Windhauch einzufangen. Aber es nützt nicht viel, die Hitze hat mich voll im Griff.

Vielleicht sollte ich wieder mehr an das Prinzip der Vergänglichkeit denken und nehme mir dieses Thema fest für die folgende Sitzmeditation vor. Als es dann endlich so weit ist, läßt mir mein Bewußtsein allerdings überhaupt keine Wahl. Es verlangt nach der Antwort auf die Frage zur Harmonie auf unserem Planeten.

Der Urknall-Film ist bis zur Gegenwart, bis zum Status quo abgelaufen und hat mir gezeigt, daß wirklich alles dem Zwang unterliegt, sich beständig zu wandeln, um die Stabilität unseres hochsensiblen Weltensystems aufrechtzuerhalten. Aus diesem Wandel heraus gibt es uns, gibt es die Menschen, die für die Harmonie wichtig und mitverantwortlich sind.

Wir alle wissen, daß wir zur Zeit die Natur herausfordern, statt in ihr auszugleichen. Wir fordern die Erde zumeist auf natürlichem Terrain heraus. Indem wir abholzen, kommt es zu Schnee- und Schlammlawinen, Überflutungen, weniger CO_2-Bindung und O_2-Bildung. Indem wir im Übermaß Energie verbrauchen, provozieren wir Grubenunglücke, Ölver-schmutzungen, Smog und immer mehr CO_2. Indem wir uns stark vermehren, entstehen Kriege - zum Teil mit Atomwaffen, Genozide, Hungerkatastrophen und wir erobern sogar die entlegensten Winkel.

Diese Liste läßt sich beliebig fortführen und unser Planet antwortet stets mit natürlichen Gegenmaßnahmen. Diese von uns bedingten Katastrophen verursachen immer mehr Chaos. Ein solch chaotisches Verhalten können wir zum Beispiel gut an Lebewesen wie den Lemmingen beobachten, die sich einfach ins Meer stürzen und ertrinken. Damit zeigt uns die Erde sehr drastisch, wie sie Arten reduziert, die überhand nehmen.

So wie die Lemminge kommen mir die Menschen zur Zeit vor. Bewußt rennen sie ins Verderben. Mich wird es schon nicht treffen, sagt sich der Einzelne. Hungersnöte und Seuchen wie Pest, Cholera, Typhus sind und waren immer natürliche Regulierungsfaktoren, um uns im Zaum zu halten. Bisher wußte die Erde, was sie mit uns übermütiger Spezies Homo sapiens zu tun hatte.

Aber die größte Herausforderung kommt erst noch, denn wir sind sogar so verrückt geworden, Kunstprodukte zu schaffen und betreten damit ein Terrain, auf das unser Planet nicht vorbereitet sein kann. PVC, FCKW, Dioxine und vieles andere mehr bauen sich extrem schwer auf natürlichem Wege ab und deshalb kennt auch niemand die letztendlichen Folgen. Es werden ebenso irdische Reaktionen ausgelöst, wie am Ozonloch bereits zu sehen ist. Ob so ein Ausgleichsversuch harmonisierend wirkt, ist sehr fraglich. Die Erde wird es überstehen, aber wir bekommen Hautkrebs.

Wenn wir es in den nächsten Jahren nicht schaffen, von diesem umweltschädigenden Verhalten wegzukommen, wird es unweigerlich zu einer Katastrophe kommen, die unser aller Leben auf dieser Erde auslöscht. Etwas anderes bleibt unserem schönen Planeten nicht übrig, wir lassen ihm keine andere Wahl.

So gesehen steht es äußerst schlecht um die irdische Harmonie. Wenn wir unseren Wohnsitz behalten wollen, müssen wir unseren Wahnwitz beenden, sonst werden wir endgültig und auf Nimmerwiedersehen aus diesem eigentlichen Paradies vertrieben.

Warum haben die Menschen nichts gelernt aus der Vertreibung aus dem Paradies? fragt mein Bewußtsein sofort. Leider habe ich die vorgegebene Zeit schon wieder reichlich überzogen und muß die Meditation beenden, um bei meinem Rundgang wenigstens noch etwas Bewegung zu bekommen.

Während des Gehens überlege ich mir die religiösen Auswirkungen, die es nach diversen Vertreibungen - nicht nur aus dem Paradies - gegeben hat. Es ist vielerorts ein Moral-Kodex, ein Verhaltensregelwerk entstanden, nach dem die bewußt denkenden Kreaturen leben sollten.

Diese oft Gebote genannten Verbote sind sich ziemlich ähnlich. Das Volk Israel zum Beispiel hat diese Regeln vor knapp 2600 Jahren nach seiner Vertreibung in babylonischer Gefangenschaft kennengelernt. Die grundlegenden Gesetze des Königs Hamurabi waren damals schon über 1000 Jahre alt. Die in der Bibel dargelegten 10 Gebote existierten also bereits vor ca. 3700 Jahren in Babylon! Wie sie von dort auf Moses' Schiefertafeln gekommen sind, weiß der Liebe Gott allein.

Besonders die Vorgabe „Du sollst nicht töten" ist bei vielen Glaubensrichtungen identisch und erst die Kaste der selbstgefälligen Regel-Ausleger hat sich angemaßt zu sagen, wer oder was doch getötet werden darf. Anstatt dieses, wie auch andere Gebote, ernst zu nehmen, gibt es für bestimmte Lebewesen immer bestimmte Ausnahmen.

Durch solche Haarspaltereien entstanden die verschiedenen Glaubensrichtungen mit ihren vielen unterschiedlichen Aufsplitterungen, die kaum mehr zu überblicken sind. Und menschentypisch weiß es natürlich jeder besser als der andere, was sogar immer noch zu Glaubenskriegen führt. Tötung wegen der Regel-Auslegung zu „Du sollst nicht töten"! Paradoxer geht's nicht und zeigt, wohin die Menschheit mit ihren Lehren durch die Vertreibung aus dem Paradies gekommen ist.

Womöglich konnte ich das jetzt beim Gehen nicht so gut *kontemplieren* wie im Sitzen. Aber ich hoffe, daß sich mein Bewußtsein damit zufrieden gibt und ich später endlich wieder meditieren kann, worüber ich möchte. Und das heißt Vergänglichkeit, denn ich muß diese nervige Hitze endlich mal loswerden.

Zum Mittag gibt es wieder leckere *Curries*, heute auch eins mit Ananas, mein Lieblingsessen hier. Danach versuche ich endlich, noch nötigen Schlaf nachzuholen, aber mein Körper läßt mich einfach nicht. Ich fühle mich zwar total erschöpft nach der ganzen Denk- und Energiearbeit, kann allerdings vor Müdigkeit nicht in den Schlaf kommen, wie es so schön heißt. Jetzt verstehe ich diese Redewendung endlich, nur was nützt es mir?

Also wieder zum *Mandi* zwecks kurzzeitiger Abkühlung und dann schnell in den Schatten. Andere Teilnehmer gehen zur heißen Quelle baden und ich verglühe bereits bei der Idee wie eine Sternschnuppe in der Atmosphäre.

Und nun kommt durch die offensichtliche Erschöpfung auch noch etwas anderes hinzu. Als ich mich zum Nachmittagsunterricht fertig mache, bemerke ich unangenehmen Kopfdruck zusätzlich zu den gefühlten 40° C vom Scheitel bis zur Sohle. Das hat mir gerade noch gefehlt: energiereiche Gedankengänge und dazu Kopfschmerzen. Da hilft wirklich nur noch der Glaube an die Vergänglichkeit.

Der Abt erklärt bereits die Stufe 11, als ich mich endlich so weit in der Konzentration habe, daß ich verstehe, was er sagt. Wir müssen versuchen, den Geist zu beruhigen, denn der hält sich natürlich an der reinen puren Freude von Stufe 10 fest. Mit Gewalt losreißen dürfen wir ihn nicht, das gäbe Trübungen. Wir sollen den Geist in ganz kleinen Schritten beruhigen und aufpassen, daß nichts Anderes dazwischenkommt und diesen ungetrübten Zustand verdirbt. Wenn uns diese vorsichtigen Schrittchen gelingen, bekommen wir den Geist automatisch in einen leeren, befreiten Status. Diese reine, ungetrübte Form des Geistes selbst ist dann die Stufe 12 und sie gibt uns reichlich *samadhi* für die kommende letzte Tetrade.

Erstmal sollten wir jetzt üben, den Geist ganz allmählich und behutsam zu beruhigen, damit er befreit wird von allen Anhaftungen und Trübungen.

Mein Geist ist zur Zeit leider dermaßen getrübt, daß ich nicht weiß, ob ich genügend Konzentration zum Meditieren aufbringe. Ich beginne einfach mit der langen Atmung und dem Zählen. Meine Gedanken fixieren ausschließlich die Vergänglichkeit, nichts anderes. Mich interessiert kein Atem, keine Nasenspitze, keine Hitze, keine Kopfschmerzen, nur die Vergänglichkeit, Vergänglichkeit, Vergänglichkeit von allem immer und überall. Langsam wird die Hitze tatsächlich etwas weniger und der Kopfschmerz stört auch nicht mehr so sehr.

Auf einmal sehe ich den Film vom Universum weiterlaufen und er zeigt mir die Vergänglichkeit der Erde, des Sonnensystems, der Galaxien und der gesamten Welt. Alle Energie vernetzt sich letztendlich wieder in einer einzigartigen Harmonie, die für uns unvorstellbar ist.

Die Wissenschaftler sehen sie als schwarzes Loch, weil selbst das normale Licht verschluckt wird. Die Buddhisten sehen sie als universelle Leere, ein gedankliches abstraktes Nichts namens *Nirvana*. Ich aber sehe meinen diffusen, weißlichen, matt schimmernden, ungerichteten Lichtschein und weiß, daß die Energie in den schwarzen Löchern in ihrer Harmonie in einer Dimension existiert, die uns normalen Kreaturen zur Zeit nicht vorstellbar ist.

Es gibt einige Menschen auf diesem Planeten, die Fähigkeiten entwickelt haben, spezielle Energien zu erkennen und zu nutzen. Manche heilen Gürtelrose, nutzen Reiki, ein paar ernähren sich von Licht, einige können die Aura sehen oder andere feinstoffliche Dinge fühlen. Ganze Wirtschaftszweige beschäftigen sich mit der Wirkung hochpotenzierter Medikamente in der Homöopathie oder der Bach-Blüten-Therapie.

Für mich ist diese unerklärliche Dimension mit dem Kennenlernen der Hypnose verständlicher geworden; denn Erfolge sind eindeutig nachweisbar, aber nicht mit herkömmlichen medizinischen Methoden zu messen. Daß die bei der *Trance* ablaufenden Bewußtseinsveränderungen auch nur energetische Prozesse sind, hat die Hirnstromforschung längst gezeigt. Dieses Wissen hilft bisher allerdings kaum weiter bei der Entschlüsselung der Phänomene.

Ich bin mir sicher, irgendwann findet jemand etwas Vergleichbares zur Einsteinschen Formel. So wie die Materie Energie in einer erst seit kurzem erklärlichen, vorstellbaren Dimension ist (Lichtgeschwindigkeit mal Lichtgeschwindigkeit), so ist auch das Immaterielle, sind Gedanken und Gefühle Energie, aber in einer zur Zeit noch unvorstellbaren Dimension.

Dem Volksmund ist das längst bekannt, wenn er von übellaunigen Menschen sagt: die haben eine schlechte Ausstrahlung. Genauso heißt es: die haben die gleiche Wellenlänge, wenn zwei sich gut verstehen. Besonders eindrucksvoll wird diese Fähigkeit zur Gedankenverbindung bei eineiigen Zwillingen ausgebildet, die ja schon genetisch gleich gepolt sind.

Vielleicht lernen wir bald, jene wundervolle Energie besser zu verstehen und besser zu nutzen. Gedanke ist Energie ist Materie. Damit wäre die Erfüllung aller Alchimisten- und Menschheitsträume erreicht.

Evolution und Fortschritt werden durch den zwangsläufigen Wandel immer weiter vorangetrieben. Wir stehen am Anfang dieses Jahrtausends vor bahnbrechenden neuen Erkenntnissen. Diese können zwar nicht gleich mit Formeln bewiesen werden, aber das ist unerheblich. Verständnis ist zum Glück auch ohne naturwissenschaftliche Definition möglich.

Die Frage ist nur, ob uns noch die Zeit dazu bleibt oder ob uns unsere Vergänglichkeit vorher ereilt. Wir müssen daher unbedingt unsere bisher angerichteten Schäden mit allen uns jetzt zur Verfügung stehenden Mitteln beheben!

Meine Hitze und der Kopfschmerz sind leider noch nicht behoben, obwohl ich es mir so sehr gewünscht habe. Stattdessen ist die Zeit im Fluge vergangen und ich darf in einer Viertelstunde zum Interview mit dem englischen Mönch.

Ich gehe einige Schritte im Schatten und blättere in den Stichworten, die ich in der Mittagspause noch rasch hingekritzelt habe. Es ist so viel Stoff, daß ich ihn unmöglich in fünfzehn Minuten erklären kann. Ich muß also das für die Meditation Wichtige zuerst auswählen.

Nach der Begrüßung erkundige ich mich nach seiner Entzündung. Sie ist zum Glück abgeklungen. Auf die Frage nach meinem Befinden bezeichne ich mich als übermeditiert.

Ich berichte von der Hitze, den Kopfschmerzen und meinen Meditationserfolgen. Erkläre, wie ich abends nach dem letzten Interview den Puls abgesenkt habe. An Tag 5 statt des Lichtpunkts wieder nur den Vogelschnabel sah und mich auflöste. Dann das irre Gefühl der kosmischen Energieaufladung hatte. An Tag 6 morgens war die absolute Leere, gefolgt von der Hitzeentstehung. Dann kam das Gefühl des Ausbrütens, das Platzen der Glühbirne und der Wechsel zur *coolness - Nirvana*.

Der englische Mönch hört sich alles interessiert, aber gelassen an. Die kosmische Energie versteht er nicht, aber alles andere ist ihm sonnenklar. Wieder habe ich erstaunliche Fortschritte gemacht und müßte wohl eine natürliche Begabung zur Meditation haben.

Die Hitze, die überströmende Energie ist ein großes Maß an *samadhi*, das ich mir geschaffen habe und die *coolness* gibt tatsächlich einen Einblick in *Nirvana*. Daß ich allerdings noch nicht am Ende meiner Entwicklung bin, zeigt der momentane Zustand, denn *dukkha* dürfte ich dann nicht mehr empfinden. Ich solle unbedingt die Energie noch nutzen und vor allem kontinuierlich schritt- und stufenweise arbeiten, damit die Erfolge reproduzierbar sind.

Ich versuche, noch schnell von meiner Einsicht ins Universum und dessen Vergänglichkeit zu erzählen; aber die Zeit ist abgelaufen. Er fragt, ob ich morgen zum letzten Interview noch einmal kommen möchte. Ich berichte ihm von dem Andrang auf seine Termine und daß ich es egoistisch finde, einen weiteren zu belegen. Wir einigen uns auf E-Mail, er gibt mir seine Adresse und wünscht mir weiter viel Erfolg.

Da stehe ich also mit meiner Hitze und dem Kopfschmerz, soll *samadhi* empfinden und angeblich wie ein Honigkuchenpferd aussehen. Naja, denke ich, Mönche haben es wahrscheinlich leichter mit solcher Energie, die tun auch den lieben langen Tag nichts anderes als *kontemplieren*. Aber so ein Neuling wie ich, der in wenigen Tagen ins *Nirvana* rauscht, bekommt eben einen Kater, wie nach einer Überdosis Alkohol.

Daß ich trotz dieser Beeinträchtigung noch recht gut meditieren kann, habe ich vorhin gesehen. Also: Augen zu und durch, mein Körper wird schon mitmachen. Wann besteht sonst schon Gelegenheit, in so kurzer Zeit so viele Einsichten zu bekommen und Zusammenhänge zu ergründen. Es ist der helle Wahnsinn!

Bis zum *chanting* begebe ich mich wieder auf meinen Rundgang und genieße die Natur sowie das Privileg, hier sein zu dürfen. Ich beobachte die Ameisen, andere Insekten, die wunderschöne Heuschrecke an ihrem gewohnten Platz und vergesse fast meine Kopfschmerzen. Es ist schon komisch. Erst in dem Moment, wo ich daran denke, sind sie sofort voll da. Die Kunst ist offensichtlich, nicht daran zu denken.

Genauso nutzen wir es in der Hypnose. Der Bereich, der aus dem Bewußtsein total verbannt wird, empfindet keinen Schmerz. Man darf allerdings in der Konzentration auf das Ablenkende nicht nachlassen und dafür ist die *Trance* sehr wichtig. In ihr ist der Patient in einem traumähnlichen Schwebezustand, der genügend Abstand zur Realität, dem momentanen Geschehen vorspiegelt. Daß auch in der Meditation *Trance* und Konzentration eins sein können, finde ich nach wie vor überwältigend. Wenn mir das jemand vorher erzählt hätte, hätte ich ihn bestimmt für verrückt erklärt.

Zum *chanting* kommt der englische Mönch wieder mit langen, wiegenden Schritten. Er ist so richtig aufgeräumt, scherzt über den Tischschmuck - ein mittlerweile halbvertrocknetes Papayablatt - und beobachtet in aller Ruhe einen Geckoködel, der sich allerdings wie in Zeitlupe bewegt. Er erklärt, daß es sich um ein winziges vertrocknetes Blatt handelt und um eine noch winzigere Spinne, die wie ein Einsiedlerkrebs darin lebt. Sie ist scheinbar gerade mit Umzug beschäftigt und es wird nach seiner Schätzung noch ca. eine Stunde dauern, bis sie den Tisch überquert hat.

Beim Sprechgesang brumme ich wieder mit und kann nach wie vor keinen Gefallen daran finden. Bei der Liebenden Güte ist es anders, aber durch die Kopfschmerzen habe ich auch hierbei Probleme mit der Konzentration.

Der Tee bietet leider ebenfalls nichts Neues - keine weitere Schokoladenorgie - und so gehe ich in mein Zimmer und möchte mich bis zum Abend ausruhen.

Auf dem Bett liegend, versuche ich, nicht an Hitze und Kopf zu denken, sondern fixiere mich auf den Atem an der Nasenspitze. Immer wieder etwas Neues auszuprobieren ist jetzt nicht sehr ratsam, meinte der englische Mönch. Also bleibe ich bei der gewohnten Atemtechnik zur Beruhigung des Geistes. Nur leider bewirkt es im Liegen nichts. An diesem Ort ist einfach alles viel zu warm.

Ich höre viel Geplantsche von den *Mandis* und als ich merke, daß es mit dem Nickerchen endgültig nicht klappt, geselle ich mich auch wieder dazu. So viel erfrischendes Wasser wie heute habe ich meinem Körper noch nie an einem Tag gegönnt. Zum Glück herrscht hier keine Wasserknappheit, sonst hätte ich prompt ein schlechtes Gewissen.

Die Abendrunde wird von der jüngeren Nonne eröffnet. Sie spricht über die Meditationspraxis im Alltag und was aus ihrer Sicht von Bedeutung ist. Ergreifend erzählt sie von ihrem früheren Yogalehrer, einem alten Mann, der auf viele einen kerngesunden Eindruck machte. Keiner wollte ihm glauben, als er seinen Tod plötzlich wochenlang vorher ankündigte. An seinem letzten Tag stand er wie gewohnt auf, machte seine Yoga-Übungen, setzte sich zur Meditation und starb. Diese 100-prozentige Kontrolle über sich und seinen Körper hat die Nonne tief beeindruckt.

Nach fünfzehn Minuten, der Hälfte des Vortrags, schlägt sie uns ein Experiment zur Selbstkontrolle vor. Sie bittet uns, die

Kissen beiseite zu legen, um zu sehen, ob wir eine Viertelstunde gemeinsam ohne diesen Komfort meditieren können.

Mit dem Ergebnis ist sie sehr zufrieden, bedankt sich bei uns und wünscht uns für die Zukunft alles Gute. Offensichtlich war dies ihr letzter Vortrag, denke ich und schlendere hinter den anderen her zur Gehmeditation.

Nachdem ich die Schuhe ausgezogen habe, schaffe ich es gerade noch, mich in fünfter Position in die Reihe einzuschmuggeln. Dort brauche ich nicht so viele Stockungen auszugleichen und habe es leichter.

Ich beobachte wieder den führenden Mönch und bewundere seine phantastische Selbstbeherrschung und die absolute Kontrolle des Bewegungsablaufs. Dazu braucht man jahrelange Übung und so etwas ist hier nicht in zehn Tagen zu schaffen. Daher finde ich es übertrieben, Ehrgeiz an den Tag zu legen und es ihm gleichtun zu wollen. Ich gehe normal mit und versuche eher, jedem Windhauch nachzuspüren. Zum Glück kühlt es nach Sonnenuntergang merklich ab und meinem Körper geht es dadurch etwas besser.

Für die abendliche Sitzmeditation nehme ich mir, den Rat befolgend, kein Thema vor und schlage die bewährte Richtung ein. Auswringen, lang atmen, zählen, beobachten, bewachen und es klappt nach wie vor. Bei 60 - klick - die eine, bei 120 - klack - die andere Energiestufe. Angenehm klare Kühle ohne Kopfschmerz. Warum nicht immer so?

Aber zum Überlegen bleibt keine Zeit, denn das Bewußtsein hat schon wieder die Anschlußfrage zur letzten Meditation parat: Wieso lassen wir solche Umweltschäden wissentlich zu und tun nichts dagegen?

Zum einen werden wir mit Unwahrheiten überhäuft, zum anderen sind wir zu träge und in dieser fatalen Lethargie gefangen. Die Industrie, die natürlich ihre marktwirtschaftlichen Interessen vertritt und gern mit den Politikern kungelt, muß fortschrittsgläubig sein. Und so stellt sie immer neue Waren her, die immer schneller abgesetzt werden müssen. Wir Käufer bekommen durch die Medien und massive Werbung suggeriert, daß wir rückständig sind, wenn wir nicht das Neueste haben.

Oft passiert es, daß bei dem übereilten Fortschritt nicht alles mit sauberen Mitteln abläuft. Dann heißt es: Das ist zur Zeit nicht besser machbar, aber wir arbeiten dran. Dahinter stecken natürlich knallharte finanzielle Interessen und es wird gelogen, daß sich die Balken biegen.

So haben zum Beispiel die LKW-Produzenten in Europa kaltschnäuzig behauptet, Diesel-Katalysatoren seien zur Zeit nicht einzubauen, als die gleichen Fahrzeuge in Kalifornien wegen der dortigen Gesetzgebung schon längst damit unterwegs waren. Durch diese Lüge wurden völlig unnötig tonnenweise krebserregende Partikel in die Luft geblasen.

Bei Asbest, Formaldehyd und vielem anderen ist es ähnlich gelaufen und wird ständig so weitergehen, weil die staatlichen Kontrollorgane den Überblick verlieren, der Entwicklung hinterher hinken und zu spät reagieren. Ganz zu schweigen von den so genannten Dritte-Welt-Ländern, in denen fast jeder macht was er will und in die wir zusätzlich noch die Dinge exportieren, die bei uns endlich nicht mehr verkauft werden dürfen. So geschehen mit DDT, FCKW-Produkten und vielem anderen mehr. Alles sind angebliche Handlungen im Sinne des Fortschritts und somit zum „Wohle" der Menschheit.

Wie weit auch die Wissenschaftler hinter der immer schneller fortschreitenden Entwicklung zurückbleiben und deshalb die Kontrollorgane unzureichend beraten können, hat die BSE-Krise gerade wieder drastisch bewiesen.

Aber ich kann doch nichts dagegen tun, sagt jeder einzelne. Obwohl oder weil er die Schreckensmeldungen über zunehmende Umweltkatastrophen so häufig hört, daß sie ihm schon zum Halse heraushängen, bleibt er untätig. Die Politiker müssen etwas tun, dafür habe ich sie doch gewählt, heißt es.

Aber das ist leider falsch. Denn Politiker sind auch nur Menschen, haben Schwächen und sind von Amts wegen auf Ausgleich bedacht. Hartes Durchgreifen ist nur in Diktaturen angesagt und die wollen wir natürlich nicht.

Nein, jeder muß tatsächlich bei sich selber anfangen. So unbequem es sich auch anhört: wir alle zusammen haben den Karren in den Dreck gefahren und nur wir alle zusammen können ihn noch herumreißen und hoffentlich wieder herausziehen.

Daß nur friedliche Massenbewegungen friedliche Veränderungen bewirken, haben wir gerade am Beispiel der ehemaligen DDR gesehen. Dort war es so, daß das Saatkorn der Unzufriedenheit schon viele Jahre in jedem gesät war und es brauchte eine lange Zeit zum Keimen. Als die Saat dann endlich reif war, gab es kein Halten mehr und ein ganzes Volk ging auf die Barrikaden bzw. die Mauer.

Nur so kann es auch jetzt funktionieren. Die Unzufriedenheit ist durch BSE weiter gestiegen und eigentlich müßte diese Saat nun auch bald reif sein. Eine Veränderung ist viel einfacher möglich als man annehmen sollte, denn die Produzenten stellen immer nur das her, was sie uns verkaufen können. Somit haben wir Konsumenten die Macht über die Wirtschaft.

Und davor haben die Bosse tatsächlich Angst. Sie drohen mit Arbeitslosigkeit - aber auch umweltgerechte Produkte müssen und können massenhaft hergestellt werden; Verteuerung - Massenproduktion macht es billiger, schon heute gibt es Biomargarine günstiger als die berühmte Frühstücksmargarine; Rückschritt - durch die Weiterentwicklung der Sonnenenergie und Wasserstofftechnik für Strom und Autos gibt es Fortschritt! - und bombardieren uns mit Werbung.

Nur wir Verbraucher können uns von dem aufgebauten Druck und beschrienen Zeitgeist befreien. Es muß ganz einfach eine Massenbewegung mit dem Kauf umweltgerechter Nahrungsmittel und Konsumartikel einsetzen, sonst sitzt unser Karren zu fest und kommt bei aller Kraftanstrengung einfach nicht mehr raus aus dem Dreck.

Leider bimmelt jetzt unerbittlich das kleine Glöckchen. Ich wäre gern noch länger in dieser angenehmen Frische sitzengeblieben und bemerke bei diesem Gedanken sofort zunehmende Hitze und auch wieder Kopfschmerzen. Als ich dann nach dem x-ten *Mandi* heute im Bett liege, kann ich wieder nicht einschlafen und überdenke noch einmal die Zusammenhänge des gesehenen Films vom Universum.

Es gibt in dieser Welt harmonische Energien, die sich, Gedanken gleich, in Dimensionen aufhalten, die wir normalerweise nicht einsehen können. Es kommt zu einer Störung, einer Disharmonie, dem Urknall. Um sofortigen Ausgleich bemüht, wandeln sich Energien und verbinden sich, Materie gleich, zu Atomen, Molekülen, Klumpen. Unsere jetzt erkennbare Dimension hat sich gebildet und alles entsteht nach und nach, auch die Menschen.

Jeder Teil, jedes Energiepartikelchen meines Körpers ist genau so alt wie alles um mich herum. Der Sauerstoff, den ich atme, das Bett, auf dem ich liege. Seit Milliarden von Jahren in

Wandlung, im Austausch, aber als Grundform nie neu, sondern uralt.

Ich frage mich, wie viele Verbindungen ein eingeatmetes Sauerstoffatom bereits eingegangen ist in seinem schier endlosen Leben. Und ob es womöglich Erinnerungen, Erfahrungen, Beschädigungen nachbehalten hat. Eine mögliche kennen wir alle, die Radioaktivität!

Wieder habe ich Tränen in den Augen bei dem Gedanken an dies uralte Leben. Es gibt jetzt schon über sechs Milliarden Menschen mit diesem uralten Leben. Sie arbeiten zumeist so fleißig wie die Bienen oder die Ameisen, aber leider nicht so effizient. Nur wenige übernehmen gerne Verantwortung. Alles wird nach oben weitergeleitet mit wahnwitzigen Folgen: zwei Machthaber sitzen letztendlich am entscheidenden Hebel und jeder von ihnen könnte alles vernichten. Das ist abartig, abartig wie Krebs.

Dieser Krebs heißt Lethargie, denn wir sind ohnmächtig durch diese Machtkonzentration. Ebenso ohnmächtig sitzen wir vorm Fernseher und sehen Horrorszenarien aus aller Welt. Dabei haben eigentlich wir die Macht, wir alle und jeder Einzelne.

Ob diese Lethargie eine gutartige oder bösartige Erkrankung für die Erde ist, werden vielleicht schon unsere Enkelkinder sehen. Jedenfalls erlischt das Leben irgendwann, weil sich die Energien immer weiter harmonisieren und vernetzen, bis das Universum zusammenfällt, implodiert und die ursprüngliche Ausgangsharmonie wiederhergestellt ist.

Wenn es dann zu einer neuen Störung, einer vielleicht anderen Disharmonie kommt, geschieht wieder etwas. Das kann genauso ablaufen wie jetzt, aber das wäre vergleichbar mit zwei identischen Sechsern im Lotto nacheinander, also äußerst unwahrscheinlich.

Genauso unwahrscheinlich ist ähnliches Leben in diesem Universum, aber nach der Chaosforschung auch nicht 100-prozentig auszuschließen. Andere Intelligenzformen sind da sogar eher vorstellbar; denn was die Energien in anderen Dimensionen ermöglichen, wissen wir heute noch nicht. Unsere Radioteleskope sammeln Meldungen aus dem ganzen Weltall, aber unsere Intelligenz hat noch keinen Anhaltspunkt gefunden, irgendetwas zu entschlüsseln.

Es ist bereits nach Mitternacht. Ich gehe noch einmal hinaus zur Toilette und betrachte dieses Weltall, dieses Sternenlicht, diese unermeßliche Tiefe. Alles ist aus der gleichen Ur-Energie aufgebaut und damit so alt wie ich. Es ist einfach nicht zu fassen.

Die kühle Nachtluft tut gut, ich bleibe noch einige Minuten draußen, um mich zu erfrischen. Die Kopfschmerzen sind zwar nicht weg, aber als ich dann im Bett liege, siegt doch endlich die Erschöpfung.

Tag 8 - Leidvolles

Ich erwache um kurz vor drei nach wieder nur zwei Stunden Schlaf. In meinem Kopf hämmert der Puls gnadenlos und dazu quält mich die Hitze. Migräne kannte ich bisher nicht, aber so muß es wohl sein. Ich liege in Koma gleicher Lethargie und fühle jeden Hammerschlag. Ein Herzschlag pro Sekunde, auch so vergeht die Zeit. Mir bleibt einzig dieser hoffnungsvolle Gedanke, nichts anderes ist möglich.

Irgendwann höre ich den Gong, höre, wie einer nach dem anderen aufsteht. Mir ist alles egal, nur nicht die Augen aufmachen, nur nicht bewegen.

Um kurz vor halb fünf klopft der Assistent mit dem Dreadlock-Zopf an die Tür und fragt, was los ist. Ich erkenne ihn sofort an der Stimme und antworte: „Starke Kopfschmerzen!" Er fragt nach, ob ich krank sei. „Ich glaube nicht", antworte ich und reiße mich tatsächlich zusammen und stehe möglichst vorsichtig auf. Das Hämmern verändert sich nicht, wird zum Glück nicht schlimmer, aber leider auch nicht besser. Ich wasche mich, so schnell es geht und mache mich fertig.

Der Assistent wartet; es ist bereits zehn nach halb fünf und er will die Schlafgebäude wie immer während der Meditations- und Unterrichtszeiten abschließen. Die Morgenlesung ist gerade beendet, als ich behutsam zu meinem Platz schleiche.

Wenn ich es jetzt bloß schaffe, in die Meditation zu kommen. Es scheint mir der einzige Ausweg, die Fluchtmöglichkeit aus meinem Dilemma zu sein. Ich versuche es einfach mit dem gewohnten Schema wie gestern Abend. Und ich bin erstaunt, es funktioniert auch jetzt.

Sicherheitshalber erlaube ich mir keine Tricks wie das Auslassen von Zahlen oder etwas schnellere Atmung - welche Gier auch hierbei! - und wie erhofft, empfängt mich bei 120 angenehme Frische. Der Kopfschmerz ist zwar noch da, wirkt aber irgendwie leichter.

Wieder bleibt mir keine Zeit zum Genießen oder für eigene Gedanken. Wieder hat mein Bewußtsein seine Neugier sofort parat und fragt nach dieser Ur-Energie und der Vergänglichkeit.

Für mich ist diese anders dimensionierte Ur-Harmonie der Gedanken, Massen, Energien vergleichbar mit einem DNS-Molekül. Es stellt ein perfektes Beispiel dar, wie auf kleinstem Raum alle Informationen für das biologische (evtl. auch das geistige?) Leben gespeichert sind. Es ist wandlungsfähig, flexibel, teilbar, reproduktionsfähig. Da die Natur an bewährten gleichwertigen Bauprinzipien festhält - Atome und Moleküle sind wie Planeten und Sonnensystem, sind wie Galaxien und Universum -, bin ich sicher, daß auch die Urform alles Existenten in ihrer Dimension etwas enthält, das so perfekt konstruiert ist wie die jetzige Keimzelle des Lebens.

Beweise sind nicht nur hierbei schwer zu erbringen. Zum Beispiel kennt die Atomforschung ihr winziges Teilchen, das Elektron, sehr gut. Aber niemand weiß genau, warum es bei seiner mickrigen Größe derart negativ geladen ist. Es bedarf zum Ausgleich dieser Ladung riesiger Massen, so als wenn ein Elefant die schlechte Energie einer Maus neutralisieren müßte. Wenn diese unvorstellbar gigantischen Kräfte in Harmonie gebunden sind, ist alles in Ordnung. Aber wehe, sie werden losgelassen! So geschah jedenfalls der Urknall. Da wir allerdings in die Ur-Dimension keinen ausreichenden Einblick haben, können wir über die Ursache leider nur spekulieren.

Der Buddhismus propagiert die Gedanken von *Nirvana* und Vergänglichkeit, die in allem und durch alles existieren. Gedanken nun sind Energie in einer anderen Dimension. Bestimmt hat die *Nirvana*-Dimension mit der Ur-Dimension identische Züge.

Bildet sich dann im kontinuierlichen Wandel der Energie im Urzustand die Idee, der Gedanke der Vergänglichkeit, so kommt es tatsächlich zur Funktionsstörung, die zum großen Knall führt. Dabei muß nicht zwangsläufig alles aus dieser Ur-Dimension zerstört werden. Es können Teile, wie zum Beispiel schwarze Löcher, übrig bleiben, die den Gedankenpool um *Nirvana* aufrechterhalten.

Jedenfalls ist der Urknall der trefflichste Beweis für die Vergänglichkeitstheorie des Buddhismus. Gäbe es diese

Explosion nicht, hätten wir keinen Hinweis auf die Vergänglichkeit dieser Ur-Energie, die seit Urzeiten in allem und jetzt auch in mir wirkt.

Eine zweite buddhistische Erklärungsmöglichkeit für *Nirvana* und Vergänglichkeit sehe ich nur in der absoluten Energiefreiheit. Dann gäbe es ausnahmslos neutrale Gedanken, ohne jedwede Ladung und ohne jeden Gehalt. Die Ideen, Gedanken kann man in diesem Modell mit dem Punkt vergleichen: Er ist da, wenn ich ihn zeichne; aber wissenschaftlich meßbar ist er in der Geometrie nicht. Es gäbe demnach keine Energie und somit auch keine Masse, keine Materie. Alles, was unsere Sinne wahrnehmen und fühlen, wären Hirngespinste ohne Gehirn.

Dieses Gedankenkonzept wird tatsächlich von vielen Buddhisten vertreten. Wissenschaftlich widerlegen kann ich es nicht, aber es widerstrebt mir und nach dem, was ich gesehen habe, sind Gedanken selten neutral, sondern haben sehr oft gute und schlechte Ladungen, also Energien, die die erstgenannte Theorie mit dem Urknall stützen.

Für die Praxis ist es aber zur Zeit egal, welches Modell wahrscheinlicher ist. Fast alle Menschen sind gegenwärtig zu Tagträumern geworden und sehen der Realität nicht mehr ins Auge. Zu schrecklich sind die Meldungen von Haß und Eifersucht, Krieg und Folter, Umweltzerstörung und Klimakatastrophe und und und. Jeder hat sich seine Scheinwelt aufgebaut, um nicht ganz verrückt zu werden und da ist es eigentlich egal, ob diese Scheinwelten vor realem oder erdachtem Hintergrund existieren müssen.

Es ist wirklich schwer, diese ganzen Dinge zu überblicken, denke ich unwillkürlich, als das Glöckchen bimmelt. Leider verstärken sich dadurch diese verdammten Kopfschmerzen immer mehr.

Jetzt ist also wieder Yoga dran. Um die Gelenke beweglich zu halten, mache ich die leichten Dehn- und Stretchübungen mit und lasse die Kraftteile aus. Der Kopfschmerz hämmert erbarmungslos und ich versuche, ihn zu ignorieren und hart zu bleiben.

Dann, beim Morgenunterricht der nächste Schlag! Der Abt eröffnet uns mit kaum bewegter Stimme, daß sein Vater gestorben ist. Vorbei ist es mit der Härte, voller Mitgefühl schießen mir wieder die Tränen in die Augen und der Kopf droht erneut zu platzen.

Wir bekommen erklärt, was eine buddhistische Einäscherungszeremonie so alles mit sich bringt. Der Abt lädt uns herzlich ein, auf der benachbarten Insel in drei Tagen an der Abschiedsfeierlichkeit teilzunehmen. Er würde sich sehr freuen, möglichst viele wiederzusehen, denn morgen müsse er abreisen.

Heute Nachmittag wird sein letzter Unterricht sein, in dem er versuchen wird, die vierte Tetrade - Vergänglichkeit und Geist - ganz abzuhandeln. Er hofft, daß wir Verständnis haben, wenn er jetzt wieder geht, da noch so vieles zu erledigen ist. Wir sollten die verbleibende Zeit gut zum Üben nutzen.

Als der Abt sich entfernt, blicke ich mich verstohlen um und sehe, daß es vielen so geht wie mir, die Tränen fließen immer noch.

So kann und will ich jetzt nicht meditieren, stattdessen gehe ich ins Gelände. Der Morgen ist angenehm kühl. Das macht meine Hitze einigermaßen erträglich. Die Vögel zwitschern und eine friedvolle Ruhe breitet sich dahinter aus.

Im Paradies kann es nicht schöner gewesen sein. Kokosnüsse, die beim Herunterfallen geplatzt sind, liegen unter den Palmen. Unzählige Ameisen und Termiten sind dabei, sich ihren jeweiligen Anteil an dieser Nahrung zu holen. Die Ameisen klettern hinein und verwerten das Mark, die Termiten sind von außen zugange und verarbeiten die Schale. Vergänglichkeit pur!

Ich denke wieder an den Tod, wie es wäre, wenn mein Vater, meine Mutter, meine Freundin sterben würde. Ob ich auch mit so einer zumindest äußerlichen Gelassenheit darüber reden könnte? Es ist einleuchtend, daß dem Abt seine jahrelange buddhistische Praxis hilft. Aber bei uns würde diese ruhige Art eher als Gefühlskälte und mangelnde Trauer ausgelegt.

So *cool* möchte ich nicht über den Dingen stehen. Das ist für mich gleichbedeutend mit der *coolness*, die mich an den Leuten so aufregt, die sich hinter ihren schwarzen Sonnenbrillen verstecken. Ich schäme mich jedenfalls meiner Tränen nicht und bin froh, daß ich hier schon mehr davon vergossen habe als in den letzten zehn Jahren. Meine Erziehung mit dem Grundsatz „Jungs weinen nicht!" ist offensichtlich tief verwurzelt.

Der Spaziergang und die frische Luft tun mir gut; aber an den Kopfschmerzen und der inneren Hitze hat sich leider nichts geändert. Daß mein Körper das aushält, ist erstaunlich!

In den letzten vierzig Stunden habe ich nur vier Stunden geschlafen und so richtige, totale Erschöpfung fühle ich gar nicht. Es gibt anscheinend genügend Energie-Reserven in mir, die bei Bedarf angezapft werden können. Auch ohne Waage fühle ich, daß sich mein Gewicht reduziert hat.

Zum Glück habe ich Appetit und freue mich auf das Frühstück. Wie an jedem Tag besteht es aus Reissuppe - heute besonders würzig -, Salaten, frischen Bananen und einem Heißgetränk. Ich greife kräftig zu, es schmeckt und die Reserven sollen auch nicht verkümmern.

Nach dem Fegen hoffe ich wieder auf möglichen Schlaf. Gutes, reichliches Essen macht mich oft müde. Aber der Körper will einfach nicht. Gedankenverloren liege ich auf dem Bett und warte, daß die Zeit vergeht.

Was ich in den letzten Tagen hier erlebt habe, ergibt für mich so noch keinen Sinn. Diese ganzen Meditations-Highlights mit den *Trancen* und Glücksgefühlen, vom Tod bis hin zu *Nirvana*, waren eine Wahnsinnserfahrung und müssen doch ein Ziel haben. Diese Einsichten in die Zusammenhänge der Welt vom Anfang bis zum Ende sollen doch sicher nicht im Nichts verpuffen. Ob sich darüber auch meditieren läßt? Zumindest sollte ich es versuchen, zweieinhalb Tage Zeit habe ich ja noch.

Jetzt ist erstmal die *dhamma*-Belehrung dran. Wieder ist es die ältere Nonne, die unterrichtet.

Es geht erneut um die Vier Edlen Wahrheiten. Heute ist in Fortsetzung von Tag 5 der dritte und vierte Grundsatz das Thema. Da der englische Mönch diese Aufhebung und Methode zur Vernichtung der Gier mit dem achtfachen Weg der ethischen Selbstdisziplin bereits ausführlich beschrieben hat, höre ich nur halbherzig zu.

Außerdem schweift die Nonne vom Thema ab, indem sie vom Abt und dem Tod seines Vaters erzählt. Es ist nichts Heiteres, wie sonst von ihr gewohnt, sondern angemessen ernst. Zum Schluß verabschiedet sie sich mit dem Satz: „Wir sehen uns im *Nirvana*" und da blitzen ihre lustigen Augen hinter der Brille doch noch einmal kurz auf.

Auch für sie war es nun offensichtlich der letzte Vortrag und für uns geht der langsame Abschied auf Raten weiter.

Zur Gehmeditation verziehe ich mich wieder in die Säulenhalle. Die Außentemperaturen steigen und meine Innentemperatur ist mir immer noch zu hoch. Im Kopf hämmert's und ich fühle mich an die Situation von vor zwei Tagen erinnert, als ich anscheinend etwas auszubrüten hatte. Mit halbgeschlossenen Augen schleiche ich zählend hin und her. Sogar die kleinen Vögel - sonst meine absoluten Lieblinge - interessieren mich nicht.

Es gibt kein Entrinnen, keine Ablenkung von meiner Malaise. So kann man auch gezwungen werden, bei sich zu sein! Der eigene Körper übernimmt die Folter und eine Flucht daraus ist im normalen Bewußtseinszustand nicht möglich.

Einen Ausweg gäbe es scheinbar nur durch eine Schmerztablette, eine dieser massenhaft geschluckten Pillen. Auch hier verspricht uns die Werbung der Pharmaindustrie viel zu viel und die meisten Ärzte ziehen da leider mit. Es heißt nämlich, daß mit der Einnahme des Medikaments das Problem gelöst ist!

Und schon stehen wir vor einer weiteren Lüge, denn jeder Schmerz, auch der Kopfschmerz hat seine Ursache. Das kann der normale Kater, eine leichte Vergiftung durch etwas zu viel oder minderwertigen Alkohol am gestrigen Abend sein oder auch eine richtige Erkrankung. Aber unser kleiner Fluchthelfer, die Alltagsdroge Pille wird es schon richten. Natürlich weiß ich als Arzt, daß es sinnvoll ist, Medikamente einzusetzen, allerdings nur, wenn der Patient und ich die Ursachen kennen, die damit bekämpft werden.

Die andere Möglichkeit der Schmerzausschaltung ist eine gesteuerte Bewußtseinsveränderung durch Hypnose bzw. *Trance* und das werde ich jetzt wieder bei der Sitzmeditation versuchen.

Das Hämmern und die Hitze haben sich während des Gehens nicht einen Deut verändert, aber im Sitzen hat es heute Morgen mit der *Trance* prima geklappt. Also wiederhole ich dieselbe Prozedur: Auswringen, lang atmen, zählen, beobachten, bewachen und es passiert nichts. Ich fühle mich wie ein schwerer, heißer Stein, auf den jede Sekunde der Hammer niedersaust und sonst ist da nichts.

Merkwürdig: die Konzentration scheint nicht schlechter als am Morgen, aber vielleicht ist das Pochen doch zu übermächtig, zu quälend. Ich versuche noch, ein wenig zu tricksen, wringe die Lunge abermals aus und gehe beim Zählen von 75 auf 51 zurück - erfolglos. Bei 60 bleiben die Hände unverändert wie zuvor und ich habe es ja eigentlich schon am Ausbleiben der Trancebegleiter gemerkt: mein Geist will jetzt nicht. Womöglich ist er beleidigt, weil ich ihn vorhin der Folter bezichtigt habe und quält mich nun extra.

Aber unterkriegen lasse ich mich so leicht nicht. Diesen Kopfschmerz werde ich durchstehen bzw. aussitzen und ihm nicht erliegen, komme was da wolle.

Also begebe ich mich schon vor Ablauf der halben Stunde auf den Rundgang, der für mich den Vormittag immer so schön ausklingen läßt. Naturbeobachtungen wirken auf mich seit eh und je sehr beruhigend und auch heute habe ich das Gefühl, daß mir das Spazierengehen gut tut. Die Hitze ist zwar allgegenwärtig, aber der Kopf ist einigermaßen zu ertragen.

Nach dem Mittagessen - wieder gab es schmackhafte *Curries* und wieder habe ich gut zugelangt - lege ich mich erneut hin, um nun endlich etwas Schlaf nachzuholen, doch mein Körper will immer noch nicht so wie ich.

Erneut verfalle ich ins Grübeln, welche Bedeutung dieses *Retreat* wohl für mich haben wird und ich muß sofort an diesen wegweisenden Traum von gestern Morgen denken. Auch der Traum mit der verlorenen Orientierung, den ich am vierten Tag hatte, ist mir noch sehr gut in Erinnerung. Daraus geht zum einen klar hervor: ich werde hier auf den rechten Weg gebracht. Und ich vermute zweitens: ich soll ihn auch anderen weisen.

Wie ich das allerdings anstellen soll, ist mir ein Rätsel. Als Mönch im Kloster leben, so wie es der Traum direkt zeigt, werde ich bestimmt nicht. Man soll zwar nie „nie" sagen, aber da bin ich mir ganz sicher. Zum einen habe ich meine beruflichen Aufgaben als Arzt und werde meine Patienten nicht im Stich lassen, zum anderen kann und will ich die privaten Bindungen nicht aufgeben, auch wenn das aus buddhistischer Sicht wieder egoistisch sein mag.

Welche Möglichkeiten gibt es sonst? Öffentlich aufzutreten fällt mir schwer; also kann ich die hier enthaltenen Einsichten sicher nicht als Fernsehprediger weitergeben, so wie es in vielen Ländern bereits gang und gäbe ist. Außerdem widerstrebt mir das Massenmedium Fernsehen, da es nicht die Phantasie und Kreativität anregt, sondern eher die Lethargie fördert. Die hier erfahrenen Gedanken in Meditationskursen oder durch Vorträge zu verbreiten, ist auch öffentliche Arbeit und beansprucht zudem sehr viel Zeit.

Bleibt also nur das ungeliebte Schreiben. Auch wenn ich vom Briefeverfassen weiß, daß es mich immer sehr viel Überwindung und auch Anstrengung kostet, so habe ich allein dabei die Möglichkeit, in Ruhe das auszudrücken, was wirklich wichtig ist. Zudem ist mit E-mail und Internet ein weiteres interessantes Medium zum Austausch von Gedanken entstanden.

Als mir die Bedeutung dieser Überlegungen klar wird, komme ich zu dem Schluß, daß es dringend erforderlich ist, Notizen zu machen. Da ich kein Papier mitgebracht habe, hole ich das Begleitheft hervor und benutze, wie schon für die Interview-Stichworte, freie Seiten. Bis der Gong zur Nachmittags-Session erklingt, habe ich schon vieles aus der Erinnerung hervorgekramt und stelle nun fest, daß mich diese Tätigkeit ganz gut von den Kopfschmerzen ablenkt.

Seine letzte *Anapanasati*-Unterrichtsstunde beginnt der Abt nochmals mit dem Bedauern über diesen unvorhersehbaren Abbruch. Er hofft, uns trotzdem genug von der zum Teil schwierigen Lehre beigebracht zu haben und nun einen guten Abschluß zu finden.

Die letzte Tetrade eignet sich dazu bestens, denn sie beschäftigt sich, wie wir ja schon von dem abgekürzten Weg wissen, mit der Vergänglichkeit und endet im *Nirvana*.

Wenn wir bereit sind, in Stufe 13 die Vergänglichkeit von allem bisher Erlebten anzuerkennen - wie zum Beispiel *piti* - zufriedenstellendes Entzücken, *sukha* - erfüllendes Glück, *jhana* - tranceähnliche Versenkung, *samadhi* - vorzügliche Konzentration -, gelangen wir zu Stufe 14.

In ihr geht es einzig um den Prozeß der Auflösung der vorher genannten Geisteszustände. Wenn wir nun dieses Verblassen (*viraga*) jeder möglichen Anhaftung bis ins kleinste Detail beobachtet haben, erreichen wir die 15. Stufe. Das Erlöschen (*nirodha*) jedweder Verstrickung mit Dingen, die uns ein Leben lang belastet haben, bedeutet auch das Ende von *dukkha*.

Und das zu erkennen, dorthin zu gelangen, ist natürlich das einzige Ziel. Denn damit haben wir es geschafft. Wir haben uns befreit von allem, von allen Lasten, allen Bürden, allen Unannehmlichkeiten und sind ungebunden und losgelöst - auch vom Ego. Das ist Stufe 16. Die absolute „*coolness*": Nirvana!

Wohlgemerkt, wir sind damit nicht tot - das wäre *pari-nirvana*, ein anderer Zustand -, sondern wir haben endlich die vollkommene Gelassenheit erreicht, alles loszulassen und keinen Verführungen mehr zu erliegen. Diese Erlösung ist das Höchste auf Erden und der Abt wünscht uns sehr, daß wir zu ihr gelangen mögen. Es ist zumeist ein recht harter Weg mit jahrelanger meditativer Übung, aber das angestrebte Ziel lohnt wirklich jede Anstrengung.

In der Hoffnung auf ein Wiedersehen bei der Zeremonie für seinen Vater verabschiedet der Abt sich dann und wünscht allen, die seiner Einladung nicht folgen können, das Beste. Leider erlaubt es seine Zeit nicht, noch mit uns zu meditieren und er entfernt sich leise, während wir uns zurechtsetzen.

Wie am Morgen ist auch jetzt meine Neugier noch nicht gebändigt und ich schaue mich wieder verstohlen um. Und es ist genauso wie vorhin. Die Tränen sind noch nicht versiegt. Wie bei mir, so fließen sie auch bei anderen ein zweites Mal anläßlich dieses Abschieds. Es ist ein unglaublich schönes, verbindendes Gefühl, in dieser ergriffenen *sangha* zu sitzen. Für einen kurzen Moment war dadurch alles vergessen, die Hitze, der Kopfschmerz; aber jetzt, da ich mich bemühe, Konzentration zu sammeln, ist beides wieder unbarmherzig da.

Trotzdem versuche ich, wie üblich in die Meditation zu kommen und zu meinem Erstaunen bemerke ich an den Trancebegleitern, daß es nun offensichtlich besser geht als heute Vormittag. Zwar erscheint mir die *coolness* bei 120 nicht mehr ganz so ausgeprägt, aber das kann natürlich auch eine Art Gewöhnung an diesen Zustand sein - was für ein Luxus! Jedenfalls ist der Kopf leicht genug und der Geist frei, um an das vorhin *Kontemplierte* anzuknüpfen.

Letztendlich ist es egal, in welcher Dimension wir uns sehen und auf welcher Ebene unser Leben abläuft. Die Scheinwelten werden zerplatzen wie Seifenblasen, wenn wir nicht endlich handeln, statt immer nur zu lamentieren. Unsere eigentliche Intelligenz sollte darin bestehen, Fehler zu erkennen und aus ihnen zu lernen; aber wir betreiben einen derart desaströsen Raubbau an der Natur, daß vielen das Wasser buchstäblich bis zum Halse steht.

Da können die Forscher forschen bis zum Sanktnimmerleinstag, einen umweltverträglicheren Produzenten für Sauerstoff als die Pflanzen mit ihrem Chlorophyll werden sie nicht finden. Und daß dabei auch noch das sogenannte Treibhausgas Kohlendioxid abgebaut wird, ist doch das schönste Geschenk, das uns die Natur machen kann. Aber sogar zur Annahme dieser wunderbaren Gabe sind wir zu dumm und erlauben einigen wenigen Profitgierigen fast widerstandslos das Abholzen der Wälder und somit die Zerstörung unseres Planeten.

Das hat in Gebieten, die zusätzlich mit Abgasen belastet sind, bereits zu lebensbedrohlichen Situationen für labilere Menschen geführt. Dort wäre die *Anapanasati*-Meditation nicht sehr ratsam, aber hier, nahe der Küste in der guten Seeluft kann die Lunge ca. 6 Milliarden mal 6 Milliarden O_2-Moleküle mit einem einzigen Atemzug aufnehmen.

Diese unvorstellbar große Menge winzigster Individuen entspricht der Potenz der Menschenzahl auf dieser Erde. Und die Moleküle verhalten sich genau wie wir. Einige sind in recht stabiler Partnerschaft, andere gehen gerne neue Verbindungen ein, manche sterben und zersetzen sich, wieder andere werden geboren und vom Körper neu gebildet. Ein phantastischer Mikrokosmos, der ebenso spannend wie unser gesamtes Leben ist.

Und das hängt tatsächlich davon ab. Wenn zum Beispiel einige Sauerstoff-Moleküle, die wir einatmen, eine Veränderung zum Ozon durchgemacht haben, dann wird es für uns plötzlich bedrohlich.

Gerade der Sauerstoff ist als bindungsfreudiges Atom ein wundervolles Beispiel dafür, daß wirklich alles zusammenhängt in unserer kleinen, großen Welt. Jedes eingeatmete Sauerstoff-Molekül enthält zwei Atome mit sechzehn winzigen, aber energiereichen Elektronen. Wo die in ihren uralten Leben bereits überall gewesen sind, ist für uns absolut unvorstellbar. Diese Elektronen-Bindungs-Erfahrung aus mehr als zehn Milliarden Jahren geht mit Sicherheit nicht spurlos an und in uns vorüber.

Wenn wir den Sauerstoff neu verbunden wieder ausatmen oder anderweitig ausscheiden, haben wir unseren Aspekt dazu beigetragen, der sich dann dem nächsten Konsumenten mitteilt. Ein gigantischer Austausch unermeßlicher Energiemengen, das ist die natürliche Atomkraft, die alle Substanzen und auch unser Leben zum Erhalt der Harmonie auf dieser Erde antreibt.

Wie allerdings meine Kopfschmerzen in diese Harmonie hineinpassen sollen, ist mir immer noch ein Rätsel. Sie sind leider sofort wieder da, als ich die Meditation nach gut 45 Minuten beende, um die Gelenke zu bewegen und die Beine nicht einrosten zu lassen. Es ist noch eine Stunde Zeit bis zum *chanting* und ich gehe in die Halle zwischen die Säulen.

Diesmal beobachte ich trotz Behinderung auch wieder meine kleinen Vögel, denn es ist lautstarkes Gezeter im Gange, weil sich jemand direkt unter den Busch gesetzt hat. Und die Nektarvögel schaffen es wirklich, den Eindringling mit ihrem Krach zu vertreiben. So kann also auch der vermeintlich Schwächere den übermächtigen Feind friedlich besiegen.

Das Junge zeigt sich bei der nächsten Fütterung wieder quicklebendig, nachdem es während des Spektakels überhaupt nicht zu sehen war. Nun ist es satt und zufrieden hängt der kleine Kopf schläfrig aus dem Nest heraus, nachdem die Eltern offensichtlich „Gefahr gebannt" signalisiert haben.

Ein leichter Anflug von Neid auf diese Zufriedenheit streift mein Hirn; aber es erscheint mir dann doch lächerlich, wie ich mich hier von diesem heißen Kopf geißeln lasse und in Selbstmitleid vergehe. Erneut beschließe ich, Härte zu zeigen und mir nicht diese phänomenalen Erfahrungen durch ein paar Unannehmlichkeiten zunichte machen zu lassen.

Die zweite halbe Stunde nutze ich abermals für meinen Rundgang und mache dabei schöne beruhigende Naturbeobachtungen. Hoch oben im Geäst eines alten Baumes kann ich einen Bartvogel erkennen, der seinen Ruf weit über die Landschaft hallen läßt. Die hübsche Heuschrecke sitzt an ihrem Platz und auch die orangenähnliche Stachelfrucht hängt wie gehabt so hoch im Busch, daß ich nicht herankomme. Ob sie wohl in den nächsten beiden Tagen noch herunterfällt?

Meine Neugier ist einfach zu groß und nur schwer zu bändigen. Die Versuchung ist enorm, einen Stock zu nehmen und die Frucht abzuschlagen. Aber ich kann mich zum Glück durch das hier Gelernte beherrschen und lasse mein Ego diesen Eingriff in die Natur nicht vornehmen.

Nach dem langweiligen Sprechgesang, der Liebenden Güte und dem Tee gehe ich ins Zimmer und schreibe an den Notizen weiter.

Es ist gar nicht so einfach, bei diesen vielen Highlights den Überblick zu behalten; aber anhand des immer gleichen Tagesablaufs gelingt es mir doch, das meiste in die richtige Reihenfolge zu bekommen. Außerdem sind geringfügige chronologische Abweichungen für die inhaltliche Aussage unerheblich und ich werde mir darüber in meiner jetzigen Situation bestimmt nicht unnötigerweise den Kopf zerbrechen.

Der Abendvortrag wird wieder vom Gehmeditations-Mönch vor dem großen *Thangka* gehalten. Er meinte, er hätte noch nicht alles zum „Rad des Lebens" zum Besten gegeben, aber er wiederholt sich fast nur mit der Schilderung der sechs Sinne.

Das einzig Neue ist die Geschichte eines fiktiven *sukha*-Thai-Airways-Flugzeugs, mit dem eine Gruppe von Mönchen zu einer buddhistischen Tagung fliegt. Als der Pilot mitteilt, daß die Maschine leider abstürzen wird und es so gut wie keine Überlebenschance gibt, haben die Mönche natürlich im ersten Moment Angst. Aber sie tun sofort etwas dagegen.

Der erste beginnt zu *chanten*, einer macht Yoga-Übungen, der nächste meditiert mit *Anapanasati*, ein anderer sagt *Mantras* auf und so weiter. Sie alle wissen genau, daß man im Zustand der Angst keine Möglichkeit hat, aus dem „Rad des Lebens" herauszukommen. Nur wenn der Geist wirklich frei ist, gibt es die Chance, aus dem *samsara* auszubrechen und der Mönch bittet uns, das auf unseren weiteren Lebensweg mitzunehmen.

Die anschließende Gehmeditation verläuft nach dem üblichen stockenden Schema und langweilt dadurch immer mehr. Ich befinde mich heute im mittleren Teil und muß zum Ausgleich ständig zwischen fast Stehen und fast Laufen wechseln. Da kann von Meditation keine Rede sein.

Beim darauffolgenden Sitzen klappt es dann zum Glück wieder, die Schlüsselworte 60 und 120 funktionieren. Die Hitze ist gebannt und der Kopf leicht genug zum *kontemplieren*. Das Bewußtsein hat immer noch nicht genug von der Vergänglichkeit und möchte wissen, wie vergänglich sie selber ist. Das scheint ein äußerst kniffliges Problem zu sein, also ran an den Speck.

Die Vergänglichkeit im allgemeinen Sprachgebrauch beschreibt den Prozeß der Auflösung von Dingen vom Anfang bis zum Ende. Im buddhistischen Sinne wird der Begriff für das Prinzip des Vergehens aller bedingt entstandenen Dinge benutzt.

Dies beinhaltet alles Materielle und Immaterielle mit Ausnahme von *Nirvana*, das als einziges nicht bedingt entstanden und somit beständig ist. Hierbei handelt es sich um ein Gedankenkonzept, wie es auch das „Rad des Lebens" darstellt, um Abläufe in dieser Welt besser erklären zu können.

Im Buddhismus gibt es sozusagen keine Zufälle, denn eins bedingt immer das andere. Daraus entsteht alles und dadurch hängt auch alles voneinander ab, ist quasi ein großes Ganzes.

Die Vergänglichkeit ist eine daran anschließende logische Folge: alles, was entsteht, vergeht auch wieder. Und da ausnahmslos alles entstanden ist, muß auch ausnahmslos alles vergehen: die Dinge, die Gedanken, die Konzepte und sogar die Vergänglichkeit selber. Es bleibt letztendlich nach oder hinter der vergangenen Vergänglichkeit ein Nichts - *Nirvana*.

Es gibt nur ein Problem, den Menschen. Bisher bezogen sich diese Gedankengebilde immer auf natürliche Abläufe, die in das Schema des harmonischen Ausgleichs passten. Jetzt haben sich die Menschen aber angemaßt, in diesen normalen Kreislauf einzugreifen. Einerseits werden Kunstprodukte geschaffen, von denen es heißt, daß sie unter natürlichen Gegebenheiten unvergänglich sind. Andererseits sind wir in der Lage, die stabilsten Atome unter künstlichen Bedingungen aufzubrechen und somit zu zerstören.

Daher läßt sich das Konzept der Vergänglichkeit mittlerweile in drei Gruppen unterteilen: erstens die ursprüngliche, natürliche Vergänglichkeit, zweitens die menschbedingte, künstliche Vergänglichkeit und drittens das *Nirvana*, die vergangene Vergänglichkeit. Diese klare Einteilung verdeutlicht nur allzu gut unseren Hochmut als angebliche Weltherrscher. Der widernatürliche Punkt zwei des Schemas muß und wird wieder verschwinden. Entweder wir schaffen es selber noch und korrigieren rechtzeitig unsere Fehler oder die Natur entledigt sich dieses zu künstlich geratenen Problems Mensch!

Hoffentlich entledigt sich meine Natur auch bald des Problems Kopfschmerz; denn auf dem Weg zu den Schlafräumen klopft es wieder kräftig und das Hitzegefühl ist auch noch präsent. Außerdem habe ich jetzt langsam genug von der Vergänglichkeits*kontemplation* und hoffe, daß mein Bewußtsein nicht noch einmal daran anknüpft.

Nach dem Abendtee wurde der bisher geheim gehaltene Plan von Tag 9 bekanntgegeben. Als ich nun nach dem letzten der unzähligen *Mandis* heute im Bett liege, wird er mir richtig bewußt. Es gibt nur eine Mahlzeit um acht Uhr dreißig. Mittags und abends wird Tee angeboten, Unterricht und Vorträge entfallen. Neben Yoga und *chanting* ist ausschließlich Zeit zum Meditieren.

Wie das wohl wird? Alle halbe Stunde wird der Gong leise erklingen, um einen Rhythmus für mögliche Positionswechsel vorzugeben. Geweckt wird wie immer um vier Uhr. Die drei

Ruhepausen morgens, mittags und abends sind geblieben, die nach dem Brunch ist eine halbe Stunde nach hinten gerutscht.

Ruhe habe ich jetzt bitter nötig. Es ist auch, abgesehen von meinem Schnarcher nebenan schön still, aber mein Körper will noch immer keinen Schlaf. Ich habe in den letzten fünfzig Stunden nur vier Stunden geschlafen und gehe noch nicht am Stock, unglaublich. Mein Körper muß über Reserven verfügen, die mir bisher verborgen geblieben sind. Obwohl ich mich durch Kopfschmerz und Hitze total ausgepowert fühle, ist keine einschläfernde Müdigkeit auszumachen.

Notgedrungen denke ich wieder über das Schreiben nach. Damit das Erzählte dokumentarisch authentisch bleibt, ist es gut, wenn ich die Tagesabläufe beibehalte und die Tage selber als Gerüst nehme. Durch die Chronologie ist die Entwicklung der Meditationsereignisse am besten darzustellen und läßt sich beim Lesen hoffentlich gut nachvollziehen. Im Schein der Taschenlampe arbeite ich weiter, bis ich endlich einschlafe.

Tag 9 - Erlösung

Oh! Wunder! Kein Kopfschmerz mehr! Das sind meine ersten Gedanken, als ich um viertel vor drei wach werde. Da ich um halb eins zum letzten Mal auf die Uhr geschaut habe, sind es also wieder nur etwa zwei Stunden Schlaf gewesen; aber das ist mir jetzt völlig egal. So schön kann es sein, wenn die Marter vorbei ist!

Die Hitze ist zwar immer noch zu spüren - gefühlte Temperatur 39° -, daran habe ich mich jedoch, wie an das tropische Klima, schon fast gewöhnt. Der Körper schwitzt einfach, was die Poren und der Kreislauf hergeben. Mit der Folge: trinken, trinken, trinken. Dagegen sind Kopfschmerzen ja die reinste Hölle und die ist nun zum Glück zu Ende.

Ich stehe erleichtert auf und gehe vor die Tür. Die angenehm kühle Nachtluft - geschätzte 26° - empfängt mich und ich betrachte das recht helle Firmament. Morgen um diese Zeit soll es eine Mond-Finsternis geben. Jetzt leuchtet unser Trabant fast voll und strahlt alles mit seinem kalten, weißen Licht an. Durch diese indirekte Helligkeit sind viel weniger Sterne zu sehen als in mondlosen Nächten, dafür benötige ich jetzt aber keine Taschenlampe, um zur Toilette zu gehen.

Trotz des kurzen Schlafs fühle ich mich wie neugeboren und bin voller Tatendrang für den Endspurt. Zwei Tage verbleiben noch, heute ist fast ausschließlich Zeit zum Meditieren und ich soll die Energien nutzen, hat der englische Mönch gesagt. Am liebsten würde ich gleich loslegen, aber ohne Kissen und nackt auf dem Bett sitzend, erscheint es mir doch zu verwegen.

Also teste ich lieber wieder mein Gedächtnis und mache mir beim Licht der Taschenlampe weitere Notizen. Als der Gong ertönt, bin ich immerhin schon bis Tag 6 vorgedrungen, bis zu meiner persönlichen *coolness*.

Während des Waschens und Rasierens überlege ich mir, was ich heute beim Meditieren machen möchte. Es gibt noch so viele unklare Dinge. Wieso muß ich jetzt dieses Buch schreiben, wie komme ich dazu? Warum ist das hier so mit mir geschehen? Woher kommt die treibende Kraft, Energie oder was auch immer? Ich bin gespannt, ob ich in der Meditation irgendeinen Zugang dazu bekommen kann.

Zunächst muß ich allerdings meinem Körper Anerkennung zollen. Nach drei Nächten mit jeweils zwei Stunden Schlaf und reichlich Kopfschmerzen müßte ich eigentlich vor Müdigkeit tot umfallen. Aber wie vorhin nach dem Wachwerden fühle ich mich recht fit und brenne - ob der Hitze? - darauf, endlich loszulegen.

Als es dann soweit ist, trickse ich sogar wieder etwas, indem ich einige Zahlen auslasse und es läuft dennoch wie geschmiert: 60 „klick", 120 „klack" und der Kopf ist frei und klar und kühl. Diesmal kann ich diesen Zustand richtig schön genießen, denn mein Bewußtsein drängelt nicht mit irgendwelchen Fragen. Offensichtlich reicht es nun mit der Vergänglichkeit, nachdem ich sie selber als vergänglich erkannt habe.

Also auf zu neuen Ufern: warum dieses Buch, warum noch ein Buch zu Themen, die schon zuhauf behandelt worden sind?

Die Antwort ist einfach: es ist bisher leider nichts Entscheidendes passiert. Viele Autoren, darunter auch sehr namhafte, haben versucht, Menschen aus der Lethargie herauszuholen, sie wachzurütteln, zu erschüttern, aber ohne großartigen Erfolg. Außer vielleicht dem persönlichen, da manche Bücher lange auf den Bestsellerlisten waren. Wirklich Weltbewegendes ist aber leider nicht geschehen. Die Umweltzerstörung, die Gräueltaten, die Kriege, alles geht weiter wie bisher. Sämtliche Mahnungen lösen sich in Luft auf.

Zum Glück stimmt das nicht ganz, denn wie das Sprichwort sagt: steter Tropfen höhlt den Stein. Mittlerweile kennt jeder die Problematik und auch wenn sie manchem zum Halse heraushängen mag, so spürt er innerlich doch ein gewisses Unbehagen. Bei einigen Dingen, die man tut - zum Beispiel mit Vollgas über die Autobahn rasen oder im Winter Erdbeeren aus Südafrika kaufen, weiß man genau, daß sich die Umwelt nicht freut. Aber zur eigenen Freude macht man's trotzdem.

Unser Bewußtsein ist andererseits nicht dumm. Es speichert alle diese Taten und obwohl wir in Saus und Braus leben in unserer Wohlstandsgesellschaft, gibt es viel Unzufriedenheit. Eines ist klar: der Spagat, den wir zwischen unserer individuellen Scheinwelt und einem wirklich natürlichen Leben machen müssen, ist auf Dauer nicht mehr auszuhalten. Unser Gewissen und unser Körper stellen das fest und signalisieren Unbehagen.

Die Saat keimt also langsam. Wenn dieses Buch der letzte Tropfen sein sollte, der das Faß zum Überlaufen bringt, dann geht die Saat tatsächlich auf. Dann macht es bei vielen Menschen „klick" oder „klack" und das Bewußtsein macht einen Sprung, raus aus der Lethargie und rein in ein zufriedeneres Leben.

Ein jeder hat es in der eigenen Hand, man braucht dafür keine Meditation. Nein, in der Hand hält man das Portemonnaie. Und Geld regiert die Welt. Daher hat der Konsument die Macht, das zu kaufen, was ihn wirklich zufrieden stellt. Und das sollte nicht gegen seine Natur sein. Für eine natürliche Zufriedenheit muß es in erster Linie umweltgerecht sein, sonst ist tatsächlich bald Schluß mit uns.

Schluß ist jetzt auch mit dieser Meditation, denn die Glocke erklingt und kündigt Yoga an. Ohne Kopfschmerzen kann ich heute endlich wieder richtig mitmachen und es bringt ungeheuren Spaß. Der Körper ist so fit und geschmeidig wie seit zwanzig Jahren nicht mehr. Allerdings habe ich jetzt auch geschätzte fünfzehn Pfund weniger auf den Rippen. Eine Folge der tropischen Hitze und bestimmt auch dieser anstrengenden Energie, die ich hier verbrenne.

Als wir mit den Übungen fertig sind, erleben wir erneut ein prachtvolles Morgenrot und einen wunderschönen Sonnenaufgang, der sich in den Fischteichen herrlich multipliziert. Nach der Regenzeit sind die Tropen einfach unbeschreiblich. Alles ist üppig und quillt über vor Leben, sogar der Himmel.

Statt des Unterrichts beginnt um sieben Uhr die nächste Meditationssequenz. Bis zum Frühstück eine halbe Stunde sitzen, eine halbe Stunde gehen, eine halbe Stunde stehen. Abwandlungen sind möglich.

Ich beginne mit der Sitzmeditation, da sie mir am meisten zusagt. Wie am frühen Morgen bediene ich mich der gleichen Prozedur. Ein paar Zahlen auslassend bin ich bei 120 wieder da, wo ich hinmöchte: beim freien, klaren, kühlen Kopf, dem das Bewußtsein aber nun wieder seinen Stempel aufdrückt.

Es gibt sich mit dem Portemonnaie nicht zufrieden, denn die Unzufriedenheit vieler Menschen hat noch andere Gründe. Unser widernatürliches Leben beginnt für viele schon beim Aufstehen mit Hektik, geht auf der Fahrt zur Arbeit mit Streß und Hektik weiter und wird dann bei der Arbeit oft vom Faktor Zeit hektisch vorangetrieben.

Überhaupt scheint uns die Zeit immer mehr zu dominieren. Jeder hat volle Terminkalender, keiner weiß, wo die Zeit geblieben ist. Zur vermeintlichen Entspannung wird dann abends die sogenannte Fernsehunterhaltung genossen und führt direkt ins Koma. Entweder man schläft gleich auf dem Sofa ein oder geht mit dem Fernsehen ins Bett. Auch dies alles ist Scheinwelt pur und hat mit einem natürlichen Leben überhaupt nichts zu tun.

Es ist wichtig, zwei Dinge anzuerkennen und danach zu leben. Zum einen ist die Zeit relativ: jeder Mensch hat seine persönliche Geschwindigkeit. Zum anderen ist sie subjektiv: manchmal erscheinen Minuten beim Warten wie eine Ewigkeit, andererseits können Stunden bei wirklich guter Unterhaltung wie im Fluge vergehen. Wenn wir nun ständig gegen unseren natürlichen Rhythmus leben, so nährt das ebenfalls die Unzufriedenheit.

Dies wiederum schürt den Neid auf andere, die es angeblich besser haben. Das führt zum Gereiztsein und letztendlich zu Streitigkeiten, über die sich die ständig steigende Zahl von Rechtsanwälten freut.

Und alles hat seine Ursache darin, daß wir uns zum Wohle unseres Fortschritts von der Wirtschaft und ihrer überzogenen, oft verlogenen Werbung in ein fremdbestimmtes, hektisches, unnatürliches Leben pressen lassen.

Unter dieser Unzufriedenheit vieler Menschen leidet die ganze Gesellschaft. In der Arbeitswelt heißt es jetzt Mobbing und

Kündigung, im Privatleben Trennung und Scheidung. Es geht im wahrsten Sinne des Wortes nichts mehr zusammen.

Das muß zweifellos besser werden und auch dafür kann jeder etwas tun. Wenn jeder ernsthaft auf sein eigenes natürliches Bewußtsein hört, wann immer es signalisiert, das ist falsch, dann ist schon viel gewonnen. Dann steigen die Zufriedenheit, das Selbstwertgefühl und die Moral. Wir lassen uns nicht so leicht für dumm verkaufen, übernehmen mehr Verantwortung, können besser kommunizieren und sind toleranter.

Das alles sind Voraussetzungen für eine harmonische Gesellschaft, in der es sich lohnt zu arbeiten und zu leben. Und dann können die Herausforderungen, die dieses neue Jahrtausend an die gesamte Menschheit und ihre Umwelt stellt, auch bewältigt werden. Dann werden die negativen Energien, die jetzt zu Zerstörungen und Kriegen führen, in positive und somit sinnvolle Bahnen gelenkt.

Diese Bahnen werde ich nun wieder zwischen den Säulen ziehen. Ich habe bereits eine Viertelstunde beim Sitzen überzogen und die Gelenke murren etwas. Offensichtlich ist eine gute Dreiviertelstunde in Meditationshaltung zur Zeit die Grenze meiner körperlichen Belastbarkeit. Länger habe ich es bisher erst einmal ausgehalten - bei der *Nirvana*-Einsicht an Tag 6.

Das achtsame Gehen tut den Gelenken gut. Schnell ist das Gefühl des Eingerostetseins wieder verschwunden.

Das Nektarvogeljunge ist jetzt schon fast ausgewachsen. Beim Füttern kommt es schon halb aus dem Kugelnest heraus und die Eltern vollziehen akrobatische Kunststücke, um es wieder zurückzubefördern.

Jetzt beim Hin- und Hergehen verfalle ich wieder ins Grübeln, warum ausgerechnet ich dieses Buch schreiben muß und abermals versuchen soll, die Menschen wachzurütteln.

Eines ist mir klar: ich konnte und kann gewisse Dinge zusammenbringen und habe somit gute Voraussetzungen. Zum Beispiel kenne ich die moderne klinische Hypnose gut und habe jetzt auch in der Meditation gelernt, daß es bei beidem auf das Einsgerichtetsein ankommt.

In der hypnotischen *Trance* wird der Patient geführt und angeleitet, bei absolut klarem Bewußtsein die totale Entspannung aufzusuchen. Er hat diesen Zustand früher irgendwo erlebt und wir Mediziner begleiten ihn jetzt genau an diesen Ort, um das bewußte Gefühl noch einmal nachzuvollziehen. Wenn der

Patient dort angekommen ist und die volle Entspannung wiedergefunden hat, dann ist er in *Trance* klarbewußt auf genau dieses Eine ausgerichtet. Alles andere wird ausgeblendet; es huscht belanglos am Geist vorüber und sogar Schmerz wird nicht oder so schwach wahrgenommen, daß es einem egal ist. Es gibt nur noch das Eine, die totale Entspannung in *Trance*.

Bei der Meditation wird ein ähnliches Ziel angestrebt. Hier muß man selber lernen, den Geist auf das Eine auszurichten und wenn man diesen Zustand klaren Bewußtseins erreicht hat, dann soll man auf höchster Stufe den Geist ganz frei machen.

Wenn man es nun schafft, beide Methoden zu kombinieren, sind in kurzer Zeit unglaubliche Bewußtseinssprünge möglich. Dieses war jedenfalls die einzig logische Erklärung, die der englische Mönch und ich während des Interviews für meine Meditationsfortschritte fanden. Mir ist es also ungewollt und nichtsahnend gelungen, hypnotische Trancezustände in die Meditation zu integrieren und dadurch 1, 2, 3 bzw. 60, 120 ins *Nirvana* zu fliegen. Der helle Wahnsinn!

In der Zwischenzeit habe ich von der Säulenhalle ins offene Gelände zum Rundgang übergewechselt und warte sehnsüchtig auf das Frühstück, die einzige Mahlzeit heute. Jetzt, wo es mir abgesehen von der Hitze wieder viel besser geht, habe ich so richtigen Kohldampf und denke die letzten zehn Minuten vorm Essen nur noch daran, was es wohl geben wird. Frühstück oder Mittag oder beides, Brunch?

Es ist dann, wie üblich morgens, Reissuppe mit Salatblättern und Bananen zum Dessert. Ob das für den ganzen Tag reicht? Ich lange wieder kräftig zu. Die letzten Tage kam ich mir vor wie ein Durchlauferhitzer, der aus allem Möglichen Energien herausgesogen hat, um sie dann so schnell es geht zu verbrennen.

Als ich nach dem Frühstück als erster Ausfeger in die Halle komme, erwartet mich ein ungewohntes Bild. Sonst haben höchsten vier oder fünf Leute vergessen, ihre Kissen beiseite zu räumen; aber heute, bei diesem ungewohnten Ablauf, liegt der halbe Saal noch voll. Ich packe also zunächst die Kissen der Männerseite weg und lege sie in zwei Haufen auf die Mönchsbank, die nur nachmittags beim *chanting* benutzt wird.

Nach dem Fegen versuche ich abermals zu schlafen, aber der Körper will noch nicht und so geht es mit den Notizen weiter.

Als ich dann relativ zeitig wieder in die Meditationshalle komme, trifft mich fast der Schlag. Mitten zwischen den riesigen

Kissenbergen sitzt eingeklemmt ein kleines Hutzelmännchen und meditiert, der englische Mönch. Er hat zwar gestern nach dem *chanting* gesagt, daß er uns heute zur gemeinsamen Meditation besuchen wolle, aber an diesen Platz hätte ich nun zuletzt gedacht.

Dieses Bild werde ich mein Lebtag nicht vergessen: ein schöner, sehr asketischer, kerzengerade sitzender, orange gekleideter Mönch, flankiert von zwei überdimensionalen Meditationskissen-Bergen. Als die anderen Teilnehmer kommen, nehmen sie, natürlich ebenso geschockt wie ich, hastig und verstohlen ihre Kissen von den Haufen und verziehen sich schleunigst.

Wenn es nicht so peinlich wäre, hätte man auch gut einen Comic daraus machen können. Der englische Mönch würde bestimmt herzlich darüber lachen. Vielleicht hat er diesen Platz ja bewußt gewählt, um seinen britischen Humor zu zeigen.

Da der Assistent mit dem französischen Akzent, der oft vor mir saß, seit gestern abwesend ist, befinde ich mich nun direkt vis-a-vis mit meinem Interviewpartner und Lehrer. Irgendwie komme ich mir beobachtet vor; aber das ist natürlich meine eigene Unsicherheit ob der ungewohnten Situation.

Cool bleiben, heißt da die Devise und ich bemerke, daß tatsächlich die eigene Hitze nachläßt. Die gefühlte Temperatur beträgt nur noch 38° und nähert sich somit schon fast dem Normalzustand. In Analogie dazu fällt mir dann während der Meditation bei 120 auf, daß das Kühlende der *coolness* nicht mehr so stark ist und verblaßt.

Trotzdem ist der Kopf wunderbar klar und frei und es geht weiter mit den Fragen: Warum ich, was steckt dahinter?

Bereits am Tag 5 hatte ich bei der sensationellen Abend-Meditation mit den kosmischen Energien das Gefühl, daß mich ein imaginärer Lehrer an den nicht existenten Haaren in die Höhe zieht und befiehlt: „Nun mach dich endlich mal gerade, damit es weitergehen kann!" Leider ging alles so schnell, daß ich kein eindrückliches Bild festhalten konnte.

Jetzt gibt's also nur eins. 100-prozentige Konzentration darauf: Wer war das?

Und es ist erstaunlich einfach. Ein Bild entsteht. Es ist wie ein Spiegelbild. Ich sehe meine Augen. Aber, sind es meine Augen? Nein, es sind seine Augen. Seine Augen sind wie meine Augen. Es sind Padmasambhavas graublaue Augen. Und auf einmal habe ich den ganzen *Thangka*, der bei mir zu Hause hängt, vor Augen. Padmasambhava also, der alte Guru Rinpoche steckt dahinter. Schlagartig wird mir einiges klar.

Bereits 1997 während eines Bhutan-Besuches habe ich schon einmal diesen unheimlichen Sog empfunden, der mich auch hier zum *Retreat* gezogen hat. In der Nähe von Paro befindet sich das „Tigernest" - eine Höhle, in der Padmasambhava lange meditiert hat. Sie liegt 800 m über dem Abgrund und man muß 1000 m aufsteigen, um sie zu erreichen. Trotz schlechter Kondition ("no sports") bin ich auf den Berg quasi hinaufgeflogen, um diesen Ort zu sehen. Hinterher hatte ich zur Belohnung zwei Tage höllische Kopfschmerzen, genau wie hier. Auch war es für mich selbstverständlich, Padmasambhava mit nach Hause zu nehmen. In der königlich-bhutanischen Schule für Malerei gab es viele wunderschöne *Thangkas*, aber für mich konnte es nur das Gemälde von Guru Rinpoche sein.

Es ist eine erlösende Befreiung, jetzt endlich Bescheid zu wissen, so als wenn zentnerschwere Lasten von mir abfallen.

Aber ein Teil wird auch gleich wieder aufgeladen; denn es wird mir sofort klar, welche Bürde damit verbunden ist. Padmasambhava war einer der größten Gelehrten seiner Zeit, war vielleicht im Wissen um Energie das einsteinsche Genie des 8. Jahrhunderts. Da Bildung in jener Zeit oft mit religiöser Ausbildung verknüpft war, ist er buddhistischer Meister gewesen und hat in seiner Epoche über mystische Fähigkeiten verfügt, die einmalig waren. Als Gelehrter hat er viele Texte ins Tibetische übersetzt und dort in Tibet den Buddhismus etabliert, indem er andersdenkende Gelehrte und - so wird gesagt - auch Geister besiegte. Seine übernatürlichen Kräfte erlaubten es ihm, in Windeseile von einem Ort zum andern zu gelangen und bei Bedarf sogar mit Nymphen und Musik zu entschweben.

Aus heutiger Sicht würde man wissenschaftlich eher von Massenhypnose sprechen, womit sich der Kreis wieder schließt. Padmasambhava kannte die Meditationstechniken und konnte offensichtlich hypnotisieren, das heißt, die Menschen und gegebenenfalls auch andere Kräfte in seinen Bann ziehen. Bestimmt hat er viele energetische Techniken ausprobiert und zur Vervollkommnung gebracht, was ihm Bewußtseinssprünge und Taten ermöglicht hat, die damals niemand nachvollziehen konnte.

Im Westen ist seine Prophezeiung am bekanntesten, daß dann, wenn der Eisenvogel fliegt, das tibetische Volk wie Ameisen verstreut wird. Genau das traf 1200 Jahre später ein, als die Chinesen 1959 mit ihren Bombern kamen.

Vielerorts wird Guru Rinpoche heute wie ein Buddha verehrt. Und der hat ausgerechnet mir jetzt seine Sorgen um die Zukunft dieser Welt mitgeteilt. Wenn das keine Bürde ist! Die Last erscheint mir auf einmal schwerer als das Unwissen vorher.

Wieder muß ich der Gelenke wegen die Meditation nach einer Dreiviertelstunde beenden und stelle überrascht fest, daß die Temperatur normal bleibt. Anscheinend ist nun, wo die Lösung auf dem Tisch ist, der Energie-Akku endlich erschöpft.

Um das Ganze zu verarbeiten, muß ich jetzt erstmal raus aus der Halle, an die Luft und einen Spaziergang machen.

Ich war also in meditativer *Trance* offensichtlich Medium für Padmasambhavas Gedanken und Einsichten. Und die soll ich nun zu Papier bringen, damit die Erde nicht in weiteren 1200 Jahren vollständig unbewohnbar für Lebewesen sein wird. Unser Planet benötigt scheinbar dringend einen neuen, alten moralischen Wächter, der auf sie aufpaßt.

Eine zur Zeit lebende Persönlichkeit kommt dafür nicht in Frage. Der Dalai Lama zum Beispiel ist als Führer des tibetischen Volkes auch politisch engagiert und wie die meisten hochstehenden Persönlichkeiten nicht geeignet, einzig für die Interessen aller Menschen und ihrer Umwelt einzutreten. Es ist fraglich, wieviel Macht so eine bekannte Person ausüben könnte oder sollte, selbst wenn sie, wie früher Gandhi, in einen Hungerstreik bis zum Tode einwilligen würde.

Da ist es natürlich besser, wenn es jemanden wie Guru Rinpoche gibt, der unbeeinflußbar ist und tatsächlich über den Dingen steht. Von höherer Warte aus hat man immer den besseren Überblick und kann den richtigen Weg weisen.

Es interessiert mich natürlich brennend, woher ich diese Eingebungen nun genau bekommen habe. Ich werde unbedingt in der nächsten Meditation nach der Mittagsruhe versuchen, einen näheren Einblick zu erhalten.

Noch ist eine Viertelstunde Zeit bis zum Tee und ich gehe, weiter tief durchatmend, durch das Gelände. Ich merke, daß mich diese endgültige Erkenntnis doch ganz schön mitgenommen hat. Mir zittern sogar die Knie leicht, aber das kann natürlich auch die Erschöpfung sein nach diesen anstrengenden Tagen ohne erholsamen Schlaf.

Statt des Mittagessens gibt es heute ja nur Getränke, damit der Geist noch freier sein kann und nicht von körperlichen Verdauungsreaktionen abgelenkt wird. Fasten ist schon seit langer Zeit ein probates Mittel gewesen, um Meditationserfolge herbeizuführen oder zu steigern.

Nach dem Tee muß ich sofort mit meinen Notizen weitermachen. Ich kann unmöglich alles im Kopf behalten, was hier mit mir geschieht. Als der Gong zum Nachmittag ruft, bin ich gerade beim heutigen Morgen angelangt und hole die aktuelle Entwicklung also langsam ein.

Da kein Unterricht ist, geht es gleich mit Sitzmeditation weiter und ich versuche, mich wie üblich zu konzentrieren. Außer der leichten *Trance* bei 60 ist momentan mit leerem Akku scheinbar nicht mehr viel zu erreichen. Trotzdem bemühe ich mich, alle störenden Gedanken beiseite zu schieben und die ganze Aufmerksamkeit auf die Herkunft der Eingebung zu lenken.

Erkennen kann ich nichts, Bilder erscheinen keine, aber ich fühle, daß meine meditativ-hypnotische *Trance* tatsächlich die Übertragungsebene ist. Es ist vergleichbar mit den Augen: seine sind meine. Auf dieser anderen klarbewußten Ebene werden seine Gedanken zu meinen Gedanken.

In dieser Dimension ist ein Austausch und eine Verschmelzung gedanklicher Energie möglich. Das ist eigentlich schon lange bekannt, denn viele andere Kulturen, die zum Beispiel mit *Voodoo* und Orakeln arbeiten, nutzen dafür die mannigfaltigen Möglichkeiten von Trancezuständen.

Nur bei uns in den so genannten zivilisierten Industrienationen ist natürlich alles Okkulte suspekt. Dafür hat unsere christliche Vergangenheit schon gesorgt. Menschen mit besonderen Fähigkeiten verbrannte oder ertränkte man lieber, statt ihre speziellen Möglichkeiten zu nutzen.

Dabei ist absolut nichts Magisches oder Mysteriöses an der hynotischen *Trance*. Es ist auch keine Zauberei oder Hexerei. Wer es einmal erlebt hat, weiß, wie schön und klar dieser Zustand ist. Man genießt dieses wunderbare Erlebnis und ist weit weg von der Realität. In totaler Entspannung wird die traumhafte Erfahrung aus einer scheinbar anderen Welt wiederholt.

Und jetzt kommen aus einer anders dimensionierten Welt - *Nirvana* - Gedanken von Padmasambhava zu mir. Sie vermischen sich in der Übertragungsebene mit meinen und werden mir dann bewußt. Es ist schon gigantisch, wie ich einerseits Einblick in *Nirvana* haben durfte und andererseits auch etwas von dort zurückbekomme.

Guru Rinpoche hätte sich mit seinen Fähigkeiten bestimmt ebenso gut an geeigneter Stelle reinkarnieren können. Aber jemanden als Medium zu benutzen, ist genial. Es geht viel schneller und ist natürlich ungefährlich. Man bleibt unangreifbar, urteilt unparteiisch neutral, erkennt die richtigen Wege und braucht kein menschliches Leid zu fürchten. Das hat Padmasambhava schon perfekt eingefädelt, im Off zu bleiben und mich mit meinen Kenntnissen und Erfahrungen sein Buch schreiben zu lassen.

Sein im Westen bekanntestes Werk „Das Tibetische Totenbuch" wurde ebenfalls nicht von ihm herausgegeben, da er die verschlüsselten Texte an verschiedenen Orten versteckt hatte. Auch *Yeshe Tsogyal*, seine Gefährtin, hat einiges verfaßt. Und nun bin ich auserkoren.

Padmasambhava, der neue, alte Hüter der Welt. Die Energien, seine Kräfte, die im 8. Jahrhundert die schlechten Geister Tibets nicht etwa vertrieben, sondern integriert haben, wollen jetzt unsere Erde vor den negativen Folgen unseres negativen Handelns bewahren. Guru Rinpoche tritt zum Beginn des neuen Jahrtausends als der Wächter, der moralische Beschützer unseres Planeten auf. Das ist einfach grandios!

Dafür durfte ich diese vorzüglichen Meditationserlebnisse genießen und letztendlich auf eine Kommunikationsebene mit ihm gelangen. Ich kann nur beten, daß durch diese Übertragung seiner Gedanken auf mein Bewußtsein auch so viel Energie mitgekommen ist, daß tatsächlich grundlegende Veränderungen bewirkt werden. Dieses Buch muß einfach ganz vielen Menschen Anschub und Kraft geben, sich für ein besseres, umweltgerechtes Leben zu entscheiden!

Mein Körper braucht jetzt erst einmal wieder Bewegung. Ich habe sogar fünfzig Minuten in Meditationshaltung geschafft, aber nun geht es beim besten Willen nicht mehr.

Zum Auslaufen gehe ich erneut zwischen die Säulen. Um mich abzulenken, denke ich schon mal an die Abreise. Mit meiner Freundin hatte ich kleine Zettel ausgetauscht und wir einigten uns auf die Teilnahme an der Totenfeier mit dem Abt. Wir konnten uns in eine Liste eintragen und bis zum Mittag standen bereits mehr als 20 Teilnehmende darauf.

Bedauerlich ist nur, daß wir so früh losfahren müssen - um halb sechs - und uns dadurch keine richtige Zeit zum Abschied von den anderen gegeben ist. Für die verbleibenden Teilnehmenden gibt es nämlich eine schöne Zeremonie mit Erinnerungsfoto, Abschlußessen und den besten *dhamma*-Wünschen für die Zukunft.

Ob sich an meiner Zukunft etwas ändern wird? Zwei Sachen weiß ich jetzt schon: Erstens werde ich unbedingt Yoga weitermachen; das tut meinem Körper so gut. Und zweitens werde ich bei der Arbeit mehr Gewichtung auf Hypnose legen, um noch mehr Patienten die schönen *Trance*-Erfahrungen zugute kommen zu lassen. Das dritte hängt freilich von diesem Buch ab. Bei Erfolg könnte es weitere Veränderungen in meinem Leben bewirken.

Da der Gong leise erklingt, werde ich nun auch meinen Aufenthaltsort verändern. Bis zum *chanting* verbleibt mir eine Stunde Zeit. Ich verspüre Lust, mich noch einmal in stehender Meditation zu üben und suche mir ein Plätzchen am Teich. Durch genaue Beobachtung weiß ich mittlerweile, wo nicht ganz so viele Ameisen sind.

Aber auch das Stehen selber ist gar nicht so einfach. Ich probiere die Grundstellung von Qi-Gong, mit leicht gebeugten Knien und vorgestrecktem Becken, dann den festen Yoga-Stand, der wie bei der Figur „Berg" schon etwas gerader ist und zum Schluß das bei uns übliche Stehen mit durchgedrückten Knien. Am besten gefällt mir der mittlere Stand meines neuen Steckenpferdes Yoga.

Ich habe die Augen geschlossen, atme lang und gleichmäßig, zähle und merke eigentlich nicht viel - außer daß ich schwanke. Ich kann einfach nicht stocksteif dastehen. Zu viel in meinem Körper ist in Bewegung. Das Herz arbeitet, die Lungen füllen und leeren sich, die Bauchperistaltik ist immer noch mit der einzigen Mahlzeit beschäftigt, das Blut und andere Lymphflüssigkeiten zirkulieren.

Und bei diesen ganzen Umwälzungen soll man ruhig stehen und meditieren können. Das erscheint mir sehr schwierig und ist, glaube ich, nichts für mich. Aber es zeigt mir andererseits noch einmal sehr schön, wie viel sich auch im Körper ständig verändert. Es gibt nichts Statisches in uns. Und nur durch den fortwährenden Wandlungsprozeß bleibt unsere Lebensharmonie stabil.

Für die nächste halbe Stunde wähle ich wieder meinen Rundgang. Es gibt tatsächlich nichts Neues. Die Stachelorange hängt immer noch hoch im Busch und die Heuschrecke sitzt auch an ihrem Platz. Die wollen doch nicht etwa den Grundsatz der Vergänglichkeit auf die Schippe nehmen? Naja, morgen ist auch noch ein Tag, da kann noch viel passieren.

Das *chanting* mißfällt mir heute besonders. Während des ganzen Tages war phantastische Ruhe, die ich sehr genossen habe. Und nun sollen wir uns die Kehle aus dem Hals gröhlen. Wie immer bemängelt der englische Mönch, daß wir Männer zu leise sind. Das paßt doch überhaupt nicht zusammen! Ich murmle also weiter und warte auf die stille *Metta*-Meditation, die gefällt mir besser.

Danach gibt's wieder Tee und Sojamilch und anschließend gehe ich gleich ins Zimmer, denn ich bin auf einmal hundemüde. Ich lege mich sofort auf's Bett und - schlafe ein! Als der Gong eine Stunde später erklingt, fühle ich mich richtig gut und nach einigen schnellen *Mandi*-Güssen sogar noch besser.

Wie neugeboren strebe ich zur Abendrunde. Frisch und erholt habe ich mir zum Abschluß viel vorgenommen. Vis-a-vis mit dem englischen Mönch will ich versuchen, die verbleibenden neunzig Minuten durchzumeditieren, um noch einmal alle entscheidenden Dinge, die ich hier erlebt habe, zusammenzubringen.

Ich bemühe mich, die optimale Position auf den Kissen zu finden und fange an mit dem Auswringen - maximales Ein- und Ausatmen. Dann beginne ich mit dem Zählen und Atem bewachen. An den Trancebegleitern merke ich, daß die Konzentration zunimmt. Und bei 60 macht es „klick", bei 120 „klack". Die *coolness* erscheint nur noch einen Hauch kühler, weil meine eigentliche Körpertemperatur nun wieder normal ist; aber diese Klarheit und Frische sind köstlich.

Und dann geht's also los mit der Zusammenfassung. Am 1. Tag Eingewöhnung und Sitzprobleme, am 2. Tag ernsthafte Meditationsversuche und Entwicklung meiner Atem-Zähl-Technik. Der 3. Tag brachte dann schon die Einspitzigkeit und erste *Trancen*, am 4. Tag ging's von höchsten Glücksgefühlen bis nah an den Tod.

Und am 5. Tag nach den Gefühlen von Entschweben und Auflösung greift Padmasambhava ein. Er muß gemerkt haben, daß ich mich in seiner Nähe auf einer zugänglichen Ebene befinde und rückt mich zurecht, um mir die Kraft für den nächsten Schritt zu geben. Mit diesen Energien erreiche ich am 6. Tag die *coolness* - *Nirvana* - und die Übertragung beginnt. Ich erhalte unvergleichliche Einsichten in eine unvorstellbare Dimension, damit ich die Struktur von allem und die Harmonie in der Natur erkennen kann.

Und das alles geschieht, weil Guru Rinpoche gesehen hat, wie hochmütig wir geworden sind. Wir treten die Erde mit Füßen, als wenn sie uns einen Dreck schert. Augenblicklich ist die Menschheit dabei, im Stammbaum der Evolution den Ast, auf dem sie sitzt, abzusägen. Er ist schon reichlich angeknackst, aber wir machen munter weiter. Und ob der Ast überhaupt noch in der Lage ist, wieder zu gesunden, ist sehr fraglich.

Tag 7 endet dann mit der ersten Forderung nach umweltgerechtem Verhalten jedes Einzelnen, so daß die Hersteller einfach auf ihren unnatürlichen Lebensmitteln und den Kunstprodukten sitzen bleiben. Der 8. Tag bringt weiter vertiefte Einblicke in den Mikrokosmos und es ergibt sich die nächste Forderung direkt an mich, ein Buch zu schreiben. Der heutige Tag beginnt noch einmal mit der Klarstellung, warum dies dringend nötig ist.

Zusätzlich sollen sich nun aus den Einsichten noch weitere konkrete Forderungen herauskristallisieren. Mit der sofortigen Abkehr vom Konsum von allen Kunstprodukten ist natürlich die Industrie gefordert. Ohne gewisse Plastikstoffe wird es wohl nicht gehen, aber die Forschung hat mittlerweile zum Glück genügend umweltgerechte Substanzen entwickelt, die rückstandsfrei verbrennen und alle Einsatzbereiche abdecken. Wenn die Hersteller ständig behaupten, dies und jenes ginge nicht, dann sind das wieder typisch profitgierige Lügen. Sie werden immer aufgetischt, wenn sich alte Anlagen noch amortisieren müssen.

Also die nächste Forderung: die Produktion von FCKW, PVC, Formaldehyd und vielen anderen umweltschädigenden Stoffen muß umgehend eingestellt werden. Und damit einhergehend muß die Forschung für eine gewisse Zeit reduziert werden und die Wissenschaftler müssen zwecks Beratung und Kontrolle in die

Firmen, bis die Produzenten zur Vernunft gekommen sind und sich die dramatische Situation entspannt hat.

Damit verknüpft sich auch die folgende Forderung: zur Stabilisierung des Klimas muß sinnvoller mit Rohstoffen und Energien umgegangen werden. Das bedeutet ein sofortiges globales Ende der Abholzung von Wäldern, damit uns nicht die Luft wegbleibt. Gleichzeitig ist die 100-prozentige Konzentration und Bündelung aller Anstrengungen erforderlich für die Massenproduktion von umweltgerechter Solar- und Brennstoffzellentechnik. Auch hier müssen die Forscher in den sauren Apfel beißen und übergangsweise zur Herstellung in die Betriebe integriert werden, damit keine unnötige Zeit verlorengeht.

Wenn 6 oder mehr Milliarden Menschen mit unserem westlichen Energieverbrauch und Komfort leben wollten - was ihnen ja durchaus zustände -, dann wären das totale Chaos und der irdische Kollaps unausweichlich!

Und damit ist natürlich jeder Einzelne gefragt. Energie darf nur verbraucht werden, wenn es wirklich nötig ist. Unser schlechtes Gewissen und unsere Unzufriedenheit werden dadurch reduziert.

Die nächste Forderung wendet sich ebenso an alle Einzelpersonen: die unselige Rechthaberei muß aufhören. Jeder Mensch hat seinen Standpunkt, seine Meinung und die kann auch diskutiert werden, allerdings ohne das leidige „Aber ich habe Recht!", sondern mit Toleranz und Akzeptanz. Denn Ansichten sind relativ, wandeln sich, sind heute so und morgen so. Das ewige Rechthaben hingegen hemmt die Kommunikation und führt nur zu Zank und Streit, einer Verrohung der Moral und in letzter Konsequenz zu Totschlag und Krieg.

Daran läßt sich unmittelbar eine weitere Forderung anschließen: die Einstellung der Fabrikation von Rüstungsprodukten. Für derartiges Massen-Vernichtungs-„Spielzeug" der selbstgefälligen Machthaber auf dieser Welt dürfen keine weiteren Mittel zur Verfügung gestellt werden, denn die werden bitter nötig für Wichtigeres gebraucht. Die Rüstungsproduzenten müssen ihre Anlagen auf die Herstellung von Solartechnik und alternativen Energieträgern wie zum Beispiel Brennstoffzellen umstellen, das wäre ein Quantensprung in die richtige Richtung.

Da es für die Umwelt bereits 5 nach 12 ist, müssen diese umfangreichen Korrekturmaßnahmen bis zum Jahre 2005 beschlossen und noch in unserer Generation vollzogen sein. Sonst ist es zu spät und das Klima kippt um mit der Folge, daß wir hier Stürme und Unwetter von unvorstellbaren Ausmaßen erleben. Die Hersteller werden natürlich wieder protestieren: „Das geht nicht!" Aber wo ein Wille ist, da ist auch ein Weg. Und wenn wir es wirklich alle wollen, dann werden wir es schon schaffen.

Zum Schluß die letzte Forderung, wieder an uns alle: die unbedingte Achtung jeder Form von Leben auf diesem Planeten. Wohin uns die Massentierhaltung und die damit verbundene Tötungsmaschinerie geführt haben, wissen wir genau. Zusätzlich haben wir in unserem Hochmut keine Scheu, ständig andere Lebewesen auszurotten und diesen Planeten dadurch ärmer zu machen und weiter zu destabilisieren.

Dabei sind wir selber nicht besser oder schlechter als anderes Leben und wenn in unserer Bibel auch steht: „Macht euch die Erde untertan!" so ist es von Luther falsch interpretiert, da es ursprünglich meint: „Bewacht die Erde mit eurer Macht." Aber davon sind wir zur Zeit Lichtjahre entfernt.

Zur abschließenden Bekräftigung dieser Überlegungen geschieht dann noch einmal das Unbegreifliche. Als ich nach ca. eineinviertel Stunden in Meditationshaltung zum vierten Mal die 60 - eigentlich 360 - innerlich zähle, gibt es wieder den totalen Endorphinschub und ich rausche in eine wundervolle, überglückliche *Trance*. Es ist noch schöner als am Morgen des vierten Tages, denn nun ist alles zusammengekommen und ich weiß, ich bin auf dem richtigen Weg. Die Kraft dieser *Trance* ist so stark, daß ich meine Hände tatsächlich nicht mehr auf den Knien halten kann und beide Arme nun völlig frei schweben.

Ich sitze jetzt schon über achtzig Minuten im Schneidersitz und habe überhaupt keine verkrampfte Empfindung dabei. Die letzten Minuten genieße ich einfach diesen Honigkuchenpferd-Zustand vollster Zufriedenheit im *samadhi* und als bei 431 die Zeit abgelaufen ist, entschwebe ich so leichtfüßig und fit in Richtung Schlafräume, daß ich unweigerlich meinen Kopf schütteln muß.

Es ist mir immer noch ein Rätsel, womit ausgerechnet ich das hier alles verdient habe. Mal abgesehen von den Kopfschmerzen und leichter Erschöpfung sind diese Erlebnisse der letzten Tage so phänomenal, daß es nicht einfach wird, sie verständlich mitzuteilen. Aber ich werde natürlich mein Bestes geben.

Im Zimmer stürze ich mich sofort wieder auf die Notizen, um die wundervollen Geschehnisse von heute zu Papier zu bringen. Da um 10 Uhr ja das Licht ausgeht, mache ich kurz vorher eine kleine Pause zum Waschen und Zähneputzen, um danach bei Taschenlampenlicht weiterzuarbeiten, bis die Akkus um halb zwölf erschöpft sind.

Tag 10 - Abschluß

Um viertel vor vier wache ich auf und es ist hell im Zimmer. Offensichtlich habe ich gestern abend im Eifer des Notierens vergessen, den Lichtschalter auszuknipsen. Erfreut stelle ich fest, daß ich endlich einmal mehrere Stunden tief und fest geschlafen habe. Aber es war doch noch nicht lang genug, um die Erschöpfung ganz abzuschütteln.

Als ich zum Waschen hinausgehe, sehe ich viele Männer gebannt zum Himmel starren. Die Mondfinsternis ist in vollem Gange und unser Trabant erscheint gerade zur Hälfte kupferfarben, der Rest ist nahezu dunkel - ein weiteres wunderschönes Naturschauspiel, das wir hier miterleben dürfen.

Das heutige Programm ist vormittags fast unverändert gegenüber den Tagen 1 - 8 und beginnt mit der Morgenlesung. Am Nachmittag und Abend gibt es Änderungen zwecks gegenseitigem Erfahrungsaustausch.

Jetzt hören wir erst einmal einen Text von *Ayya Khema* über die Vergänglichkeit. *Ayya Khema* hat mehrere Klöster geleitet - unter anderem in Deutschland das Buddha-Haus - und als Nonne sehr viel für die Integration der Frauen in die *sangha* bewirkt. Ihr Anliegen in diesem Text ist die Auseinandersetzung mit dem Tod; denn nur, wenn wir uns rechtzeitig mit der Vergänglichkeit unseres Lebens beschäftigen, können wir unser Dasein und das Sterben gut bewältigen.

Während der anschließenden Sitzmeditation bedenke ich noch einmal meine neue Aufgabe. Leider weiß ich über Padmasambhava recht wenig. Auf diesem Niveau kann ich schlecht ein Buch in seinem Namen schreiben, selbst wenn er es so will. Mir ist nur in Erinnerung, daß er in Kaschmir geboren sein soll. Bis zu seinem Wirken in Tibet klafft eine riesige Lücke. Vielleicht finde ich in einem der Traveller-Buchläden weiterhelfende Literatur.

Von den Tibetern wird Padmasambhava besonders verehrt. Leider hat auch dieses relativ kleine Volk seinen *Mahayana*-Buddhismus durch Rechthaberei in mehrere Schulen zergliedert. Manche Tibeter sehen in Guru Rinpoche eine direkte Wiedergeburt Buddhas. Andere verehren ihn als *Bodhisattva*, als Erlösungshelfer, dem man sich anvertraut, um Beistand auf dem persönlichen Leidensweg zu erhalten.

Viele *Bodhisattvas* werden als transzendente Erscheinungen verehrt, die aus dem Off helfen, aber es gibt auch lebende Heilshelfer wie zum Beispiel den Dalai Lama. Das wäre eine tolle Sache, wenn man den einen *Bodhisattva* über den anderen befragen könnte. Aber beim Dalai Lama derzeit einen Termin zu bekommen, soll das Unmöglichste auf der Welt sein.

Da alle Menschen ständig Hilfe benötigen, hat er sehr viel zu tun und kennt vielleicht das Gefühl, nicht mehr zu wissen, wo einem der Kopf steht. So wird seine transzendente *Bodhisattva*-Erscheinung *Avalokiteshvara* auch mit elf Köpfen dargestellt; sie kann dadurch alles besser überblicken.

Padmasambhava hingegen hält als Zeichen seiner übernatürlichen Kräfte einen Dreizack im Arm, auf dem die Köpfe der Besiegten aufgespießt sind. Ganz schön makaber, denn oft wird er auch noch mit stierem, fürchterlichem Blick abgebildet. Aber zum Glück nicht immer; sonst hätte ich seine Augen bestimmt nicht erkannt.

Die folgenden Yoga-Übungen werden zum Abschluß schweigend praktiziert. Jeder kennt den Ablauf mittlerweile gut und am Ende lassen wir wieder gemeinsam ein kräftig schwingendes OM erklingen. Schon wieder stehen mir Tränen in den Augen, als ich daran denke, daß mir das in Zukunft fehlen wird.

Da der Unterricht durch die Abwesenheit des Abts ausfällt, wird die Zeit bis zum Frühstück ausschließlich zur Meditation genutzt. Ich beschäftige mich wieder mit meiner neuen Rolle als Schriftsteller.

Obwohl ich alles so wahrheitsgetreu aufschreiben muß, wie ich es erlebt habe, werde ich einige Auslassungen vornehmen. Ich kann zum Beispiel nicht meine exakte Meditationstechnik veröffentlichen und riskieren, daß jemand dadurch ungewollt Nahtoderfahrungen macht oder mehr. Das muß erst einmal in sichere Hände gelegt und unter Anleitung ausprobiert werden.

Auch werde ich, da ich nur Medium bin, im Hintergrund bleiben. Es zählt einzig und allein die Sache, die muß voll und ganz für sich sprechen! Ich werde ausschließlich auf die Aussagekraft des Textes vertrauen. Wenn er nicht ankommt, so habe ich es wenigstens erneut versucht, die Menschen vor der herannahenden Katastrophe zu warnen.

Sollte das Buch hingegen Erfolg haben und Geld einbringen, so geht das natürlich an Organisationen, die den Schutz des Planeten vorantreiben. Zum Geldverdienen habe ich schließlich meinen Beruf, den ich gerne ausübe und die Schriftstellerei soll eine einmalige Ausnahme bleiben.

Zum Glück habe ich auf unserer Reise noch einige Wochen Zeit, bis ich wieder in die Praxis muß. Bis dahin sollte das Buch zumindest als Manuskript vorbereitet sein.

Auf das Frühstück haben viele sicherlich genauso sehnsüchtig gewartet wie ich. Zwar mag ich ab und zu fasten, aber da ich hier schon einiges abgenommen habe, verlangt mein Körper jetzt dringend nach Futter. Wie sehr man sich doch auf eine einfache Reissuppe freuen kann! Das Essen schmeckt geradezu köstlich und ist eine Labsal.

Beim Fegen macht sich noch der Schock vom gestrigen Morgen bezahlt: ich muß nicht ein einziges Kissen beiseite legen, alles ist bestens vorbereitet!

Meine Erschöpfung läßt mich in der Ruhepause eine Stunde schlafen und ich bin froh und dankbar, daß sich mein Leben nun anscheinend wieder normalisiert. Die letzten Tage waren extrem anstrengend und trotz der nie für möglich gehaltenen Erlebnisse ist es jetzt gut, daß das *Retreat* bald zu Ende geht.

Den folgenden Unterricht bestreitet noch einmal der Gehmeditations-Mönch zum Thema *dhamma* im Alltag. Er möchte uns gute Tipps mit auf den Weg geben und erklärt, wie sich die buddhistische Lehre günstig in unser normales Leben integrieren läßt. Zum Beispiel sollen wir Wartezeiten immer zur Atemmeditation nutzen, ruhige Orte bevorzugen, nicht so viel reden und Disziplin an den Tag legen. Das heißt, möglichst nach festem Zeitplan leben, immer zur gleichen Zeit aufstehen, nicht nach 6 Uhr und nur zwei Mahlzeiten zu sich nehmen. Überhaupt ist Mäßigung in allem die beste Devise, nicht nur beim Essen und Reden, sondern vor allem beim Konsum. Der Mönch wünscht uns viel Erfolg und hofft, daß wir seine Ratschläge beherzigen werden.

Während der anschließenden Meditationszeit bis zum Mittagessen überlege ich, was ich diesbezüglich ändern werde. Da ich unbedingt Yoga weitermachen will, muß ich früher aufstehen, aber halb sieben erscheint mir früh genug. Im Sommer bedeutet das durch die Zeitumstellung sowieso halb sechs, das ist ein guter Kompromiß.

Ein fester Zeitplan ergibt sich durch die Praxisarbeit, aber als ruhigen Ort kann ich sie beim besten Willen nicht bezeichnen. Das könnte sich allerdings verbessern, wenn ich mehr Patienten mit Hypnose behandle. Zuhause habe ich dagegen Ruhe genug, mit Ausnahme der Erntezeit, wenn die Mähdrescher und Traktoren ums Haus herumfahren.

Mäßigung beim Essen wäre bestimmt manchmal besser, aber zwei Mahlzeiten sind mir bei anstrengender Arbeit einfach zu wenig. Zu den Quasselstrippen habe ich nie gehört und die rechte Rede ist mir ohnehin ein Anliegen.

Mit dem Konsum verhält es sich schwieriger. Die Lebensmittel kommen aus dem Bioladen und sind dank Speisekammer meistens überreichlich vorrätig. Es verdirbt fast nie etwas, dafür essen wir eben zu gut.

Den Punkt Meditation klammere ich erst einmal aus, da ich trotz der sensationellen Erlebnisse wegen der körperlichen Erschöpfung einfach nicht mehr mag. Insofern kann ich mir auch nicht vorstellen, ob und wann ich wieder so wie hier meditieren möchte.

Wie diszipliniert ich in Bezug auf die anderen Vorgaben - rechte Achtsamkeit, rechtes Verhalten, rechte Ansicht und rechter Entschluß - bin, will ich selber nicht beurteilen. Ich bemühe mich zwar, müßte aber meine Freundin zu Rate ziehen, mit welchem Erfolg es mir gelingt.

Meinen Rundgang durchs Gelände schaffe ich auch noch vor dem Essen, nur um festzustellen, daß immer noch alles unverändert ist. Zum Mittag gibt es dann wieder leckere *Curries* in Kokosmilch gekocht. Auch die werde ich sicher so nie wieder bekommen. In der abschließenden Ruhepause dürfen wir waschen; denn die Moskitonetze und Bettdecken müssen für die nächste Belegschaft frisch durchgespült werden.

Am Nachmittag wird es nun richtig spannend: Es darf und soll geredet werden. In Gruppen von durchschnittlich acht Teilnehmenden wird ein erster Erfahrungsaustausch vorgenommen, bevor dann am Abend die große Abschlußrunde stattfindet. Die Gruppen sind nach Geschlechtern getrennt, bunt zusammengewürfelt und wir sollen zuerst einen Sprecher auswählen, der die Ergebnisse dann abends präsentiert.

Bei uns erklärt sich ein 30-jähriger Ire bereit, dies zu tun. Er ist seit zwölf Jahren nicht mehr zuhause gewesen und es zieht ihn auch nichts dorthin zurück. Überhaupt entsteht bei der Einzelvorstellung der Eindruck, als wenn die meisten vor etwas davongelaufen sind. Einige können es präzise benennen - so der junge Ex-Navy-Soldat, der seine Militärzeit mit schockierenden Horrorgeschichten eindrücklich beschreibt -, andere sind immer noch auf der Suche, wovor es eigentlich ist.

Zwar hat die Meditation für die meisten nur kleine erste Ansatzpunkte zur Problemlösung aufgezeigt, aber wir sind uns alle einig, daß dieses *Retreat* eine unvergleichlich schöne Erfahrung war. Jeder hat die Ruhe, die Natur und die stille Gemeinsamkeit genossen, die die lästigen Vergleiche und das Konkurrenzdenken des Alltags ausgelöscht haben.

Ein Teilnehmer meint, er wäre im Film „Und täglich grüßt das Murmeltier", in dem an jedem Tag immer haargenau das Gleiche passiert und alle stimmen begeistert zu. Aber diese Regelmäßigkeit hat eben unabhängig vom Biorhythmus auch viele stabilisierende Vorteile für Geist und Körper.

Ironisch stellt der Amerikaner seine Begeisterung über den dritten Becher Sojamilch statt Abendessen dar. Dies soll allerdings keine Kritik sein, denn die Verpflegung wurde einhellig als gut empfunden.

Wie ich, so waren alle in der Gruppe Meditationsanfänger. Bei der Diskussion über die Vor- und Nachteile dieses *Retreats* sind sich viele noch unsicher, was ihnen die Meditation nun gebracht hat. Das braucht offensichtlich noch Zeit, um sich zu entwickeln und vier Teilnehmer meinen, daß sie auf jeden Fall weiter meditieren werden.

Ich erzähle ansatzweise von meinen Meditationserfolgen, um die anderen zu ermutigen, gehe aber nicht auf Einzelheiten ein. Überhaupt scheinen mir die meisten zurückhaltend und verstockt zu sein, denn als das Thema innere Gefühle angesprochen wird, bin ich der Einzige, der bereit ist, etwas dazu in der Runde zu sagen. Auch hier versuche ich, die anderen zu ermutigen, indem ich von meiner Erziehung und den jetzt wieder fließenden Tränen erzähle.

Abschließend sind wir uns alle einig, daß das einzig Nachteilige an diesem *Retreat* das schwer zu verstehende Englisch des Abtes ist. Es muß aber respektiert werden, um sein großartiges Wirken für dieses Zentrum nicht zu schmälern.

Beim folgenden *chanting* bemerke ich, daß alle ihre Stimme wiedergefunden haben. Nun ist der englische Mönch endlich zufrieden mit uns und möchte in seiner Begeisterung den schönen Chor mit seinem Mikrofon aufnehmen. Er dreht es also um und da passiert's: ein Pferd galoppiert durch den Saal. Jedenfalls erscheint es uns so; denn die Assistentin ist mit der Aussteuerung nicht zurechtgekommen und die Lautsprecher geben unerklärliche Töne von sich.

Der ganze Saal gröhlt ob der verdutzten Gesichter des englischen Mönchs und der Assistentin. Aber auch sie nehmen es dann mit Humor, obwohl das Mikrofon nach dieser Rückkoppelung offensichtlich kaputt ist. Die Stimme des Mönchs hört sich nun wie die von Donald Duck an, was natürlich immer mehr Gelächter provoziert. Dadurch sind die Kehlen jetzt noch gelöster und das *chanting* klingt schon fast wie Schlachtgesänge im Fußballstadion.

Das ist nicht gerade förderlich für meine Akzeptanz dieser Ausdrucksform heiliger Texte und ich freue mich schon auf die Liebende Güte, bei der es nun endlich ruhiger zugeht. Bei diesem Meditationsabschluß lege ich jetzt alle Konzentration auf das Wohlergehen sämtlichen Lebens auf diesem Planeten und die natürliche Harmonie im Universum überhaupt, damit wir Menschen noch eine letzte Chance erhalten, unsere angerichteten Schäden wieder gutzumachen.

Nach dem Tee beginne ich mit dem Packen, denn nachher geht um zehn bereits das Licht aus und morgen in aller Herrgottsfrühe wäre es mir bestimmt zu hektisch.

Das große Finale, die abendliche Abschlußrunde, bringt dann vieles nochmal auf den Punkt. In allen Gruppengesprächen wurde einhellig vom Yoga geschwärmt. Die Männer sind total begeistert von ihrem amerikanischen Lehrer und die Frauen fanden ihre morgendlichen Übungen auch sehr gut. Überhaupt wurde der feste Zeitplan - „Und täglich grüßt das Murmeltier" - als sehr angenehm empfunden. Nur für wenige war das frühe Aufstehen eine Herausforderung.

Auf die Frage, was man hierlassen wird, kam ausschließlich die Antwort: das hölzerne Kopfkissen! Dagegen werden fast alle sehr viele positive Erfahrungen und Erlebnisse mitnehmen.

Ein Teilnehmer äußerte allerdings Zweifel, ob er überhaupt ein einziges Mal während des ganzen *Retreats* meditiert hat und mehrere fühlten sich am 9. Tag durch den fehlenden Zeitplan eher verunsichert.

Die Frage nach der größten Herausforderung löste die unterschiedlichsten Reaktionen aus. Für manche war es das Englisch des Abtes, das harte Bett, die Reissuppe, der Tee, die verführerischen Kokosnüsse liegen zu lassen, barfuß nachts zum Männerklo zu gehen oder Blut saugende Mücken nicht erschlagen zu dürfen.

Einstimmig kommt aus allen Gruppen der tief empfundene Dank an die Mitarbeiter, die alles unauffällig und dennoch bestens organisiert haben.

Nach den Gruppenergebnissen ist Zeit für Einzelberichte, was von sehr vielen genutzt wird. Aus meiner Gruppe sind drei Männer dabei, u.a. der Ex-Navy-Soldat. Er erzählt, wie wichtig diese *Retreat*-Erfahrung für ihn war, um wieder einen Sinn im Leben zu finden. Das unvorstellbar Grauenhafte, das er in seiner Militärzeit erlebte, hat ihn beinahe in den Selbstmord getrieben. Er wäre jetzt zumindest im Irrenhaus, wenn er nicht in letzter Sekunde dank seiner Freundin den Absprung geschafft hätte.

Am meisten überrascht mich an diesem Abend, mitzubekommen, wie jung die meisten Teilnehmenden sind. Ich gehöre mit meinen 45 Jahren schon zu den 10 Prozent der Älteren. Das Gros ist unter 30 und einige Teilnehmerinnen haben noch nicht die 20 erreicht. Bisher dachte ich, solche Kurse würden hauptsächlich von Midlife-Crisis-Menschen aus meiner Altersgruppe besucht, die sich für den nächsten Lebensabschnitt neu motivieren müßten. Aber offensichtlich sind zur Zeit auch sehr viele junge Leute an neuen Erfahrungen zur Erweiterung des Geistes interessiert.

In meiner Jugend wurde dazu von vielen Gleichaltrigen zur Droge gegriffen. Von Alkohol bis LSD wurde alles konsumiert, was im Ruf stand, das Bewußtsein zu transformieren. Da ist es sehr zu begrüßen, wenn in dieser suchtgefährdeten Altersgruppe viele Leute andere Möglichkeiten zum Kennenlernen ihres Selbst nutzen.

Daß ich hier zum alten Eisen gehöre, war mir während der 10 Tage nicht bewußt gewesen. Es liegt sicherlich an der schweigenden Gemeinschaft, in der es keinen Zwang zur Selbstbehauptung und Selbstdarstellung gibt.

Zum Schluß bedankt sich die Assistentin bei uns. Wir seien eine gute *sangha* und hätten sehr schön mitgearbeitet. Sogar heute Abend waren wir nicht zu bremsen, denn nun ist es bereits halb elf. Sie entläßt uns mit den besten *dhamma*-Wünschen für die Zukunft und freut sich, daß sie mit so vielen von uns morgen zur Abschiedszeremonie für den Vater des Abts fahren darf.

Eigentlich sollte ab jetzt wieder Schweigen herrschen. Aber beim Gang zu meinem Zimmer merke ich doch, daß bei vielen starker Kommunikationsbedarf herrscht. In der Dunkelheit höre ich aus mehreren Richtungen Flüstern und Getuschel, das mir noch einmal klar macht, wie sehr unser Leben durch den sprachlichen Austausch geprägt ist.

Als ich endlich im Bett liege, bin ich froh, daß ich in weiser Voraussicht schon das meiste gepackt habe und morgen nur noch mein Schlafzeug verstauen muß. Im Schein der Taschenlampe mache ich noch schnell einige Notizen - ohne Akkuladegerät mußte ich leider Batterien kaufen, immerhin gab's quecksilberfreie - und um 11 Uhr ist dann Schluß für heute.

Abreise - Schocktherapie

Zum letzten Mal werde ich nun von diesem wundervollen Klang des Gongs geweckt - noch ein kleiner wehmütiger Abschied.

Bis um 5 Uhr ist Zeit, alles fertig zu machen, das Zimmer auszuräumen und zu fegen. Dann bekommen die Frühstarter extra einen Morgentee, alles noch im Schweigen.

Aber nun, als wir *Retreat*-Teilnehmer und einige Thailänder um halb sechs im Bus sitzen, gibt es kein Halten mehr. Es wird gequatscht, was das Zeug hält.

Wir fahren zunächst hinüber zum Hauptkloster. Andere Leute, auch Mönche und Nonnen, steigen noch zu, bis der Bus rappelvoll ist. Dann geht es im Konvoi mit drei ebenso vollgestopften Bussen los.

Ich komme mir vor wie in einer anderen Welt. Nach dieser Stille, die alle Sinne beruhigt, aber auch verfeinert hat, ist es ein richtiger Schock. Aus der Natur in die so genannte Kultur: Mief, Krach, zuckende Lichter, Motorvibrationen, dazu diese eng zusammengepferchten, durcheinander redenden Menschen.

Ich muß unwillkürlich an die Geschichte von „Sukha-Thai-Airways" denken und daran, ob hier wohl alle so gut drauf sind. Auch meine Freundin schmunzelt bei dem Gedanken. Aber dann rollen mir doch wieder Tränen über die Wangen. Ist es der endgültige Abschied, dieser exorbitante Kulturschock, oder die leichte Ungewißheit darüber, was kommt? Ich kann es nicht sagen, vielleicht gehört ja doch alles zusammen.

Als es langsam hell wird, habe ich mich wieder beruhigt und einigermaßen an die neuen Gegebenheiten gewöhnt. Wir nähern uns der Küste, wie sich unverkennbar an dem durchdringenden Fischgeruch feststellen läßt. Überall werden hier Mangroven abgeholzt und Shrimps-Farmen angelegt, um die unersättlichen Märkte im Westen zu bedienen.

Im Fährhafen wird dann ein Reisgericht gefrühstückt, das wir vor der Abfahrt bekommen haben. Ich setze mich mit meiner Freundin etwas abseits an die Mole und versuche, ihr vorsichtig beizubringen, was mit mir geschehen ist.

Erstaunlicherweise ist sie total ruhig und gefaßt. Sie ist froh, daß es jetzt endlich so weit gekommen ist, denn sie kennt mein Horoskop besser als ich und hat schon auf diese Entwicklung gewartet.

Uff, heute ist Schocktherapie angesagt!

Für meine Freundin ist es jedenfalls völlig klar, daß ich nach meinen kosmischen Anlagen in der zweiten Lebenshälfte dieses energetische Potential zur Entfaltung bringen würde. Ich müßte unbedingt „Die Prophezeiungen von Celestine" lesen, in denen es sich ebenfalls um solche Energien dreht.

Sie hat auch gleich praktische Ratschläge zum Schriftstellern parat, schließlich hat sie früher in einem großen Verlag gearbeitet, aber ich wiegele ab. Nach den letzten zehrenden Tagen bin ich mit meinen Kräften noch ziemlich am Ende und möchte mich erst einmal, wie geplant, beim Schnorcheln und Lesen auf einer kleinen Insel regenerieren.

Auf der Fähre unterhalten wir uns dann mit einem anderen deutschen *Retreat*-Teilnehmer und stellen überrascht fest, daß wir einen gemeinsamen Bekannten in der Nähe von Köln haben. Nach der Sonnenfinsternis '99 verpaßten wir uns dort nur um wenige Stunden. Solche banalen Alltäglichkeiten zeigen einem wieder, wie klein die Welt ist und im Buddhismus ist ja eh alles eins.

Auf der Insel fahren wir noch eine halbe Stunde mit dem Bus an Traumstränden entlang und dann sind wir am Ziel. Vor dem Kloster ist ein großer Platz, auf dem ein Menschenauflauf wie beim Oktoberfest herrscht. Und mittendrin steht seelenruhig der Abt, begrüßt die Leute und dirigiert die nicht enden wollenden Menschenströme in die richtige Richtung. Und als er unsere Gruppe später nochmal über die Lautsprecher vorstellt und begrüßt, klingt sogar sein Englisch wie richtiges Englisch - eine unglaubliche Wandlung. Man merkt sofort, hier ist er zuhause, hier ist er in seinem Element.

Wie alle an der Zeremonie Teilnehmenden werden wir sogleich köstlich bewirtet. Wieder muß ich ans Oktoberfest denken, denn in dieser großen Halle geht es mindestens so laut und turbulent zu wie in einem Festzelt. Es ist eine enorm anstrengende Herausforderung für unsere auf Stille und auch visuelle Ruhe eingestellten Sinnesorgane.

Dann sehen wir uns die eigentliche Feierlichkeit an. Der verstorbene Vater liegt aufgebahrt in einer Art Kühltruhe im rückwärtigen Teil einer Säulenhalle, die unglaublich farbenfroh dekoriert ist. Der Abt begrüßt noch einige Honoratioren und nun beginnt der religiöse Teil.

Die einstündige Zeremonie besteht zur Hälfte aus *chanting*. Dann werden Präsente an die Mönche verteilt und zum Schluß darf jeder Anwesende persönlich Abschied von dem Verstorbenen nehmen. Hierzu werden kleine Gestecke verteilt, die jeder in schönen, großen Schalen vor der Aufbahrungstruhe ablegt.

Danach drängelt sich die schier endlose Menschenschlange noch einmal an dem Abt vorbei, der jeden verabschiedet und allen ein kleines Dankpräsent mit auf den Weg gibt.

Und obwohl trotz der Enge alles behutsam und andächtig abläuft, muß ich regelrecht flüchten aus dem Gedränge, da meine Sinnesorgane offensichtlich nicht bereit sind, sich schon auf einen derartigen Rummel einzulassen.

Innerhalb von wenigen Minuten löst sich anschließend das ganze Getümmel auf und unsere Gruppe steht fast allein mit dem Abt vor der Säulenhalle. Wir erfahren, daß die Einäscherungszeremonie morgen im engsten Familienkreis vorgenommen wird und er sich gefreut hat, daß wir heute dabei waren, um diesen Aspekt der Vergänglichkeit mitzuerleben.

Dann ist der große Abschiedsmoment gekommen. Alle wünschen sich gegenseitig alles Gute für die Reise und die weitere Zukunft. Meine Sinne stehen immer noch etwas unter Schockeindruck, denn diesmal kommen keine Tränen. Oder ist es einfach diese andere, gröbere, harte, künstliche Welt, die mich im Vergleich mit der Natürlichkeit der letzten 10 Tage auch anders, gröber, hart und künstlich macht?

Und schon wieder bin ich bei diesen leidigen Fragen. Immer kommen sie aus dem Nichts angeschossen. Womöglich gibt es in der *Nirvana*-Dimension nicht nur eine unendlich große Anzahl von Gedanken, sondern mindestens ebenso viele Fragen!

Nachdem wir allen Lebewohl gesagt haben, nehmen meine Freundin und ich jetzt eins der in Thailand üblichen Sammeltaxis. Damit fahren wir zu einem anderen Fährhafen, von dem wir morgen in Richtung Schnorchel-Insel starten können.

In lähmender Nachmittagshitze suchen wir uns eine gemütliche Unterkunft für die kommende Nacht und um auf andere Gedanken zu kommen, werde ich nun endlich mit der Lektüre von José Saramagos „Die Stadt der Blinden" beginnen.

Seit diesem *Retreat* fällt es mir schwer, an Zufälle zu glauben. Andererseits ist mir das Wort Schicksal zu negativ besetzt. Ich habe ein tiefes Verständnis für den Aspekt der buddhistischen Philosophie gewonnen, daß sich alles bedingt, daß alles eins ist. Daher würde ich statt Schicksal lieber von Potential, Entwicklungsmöglichkeit sprechen.

Wir haben im Deutschen eine wunderschöne Redewendung: etwas liegt in der Luft. Sie gibt uns eine Ahnung von dem, was wir uns trotz endloser Forschung immer noch nicht vorstellen können. So viele Dinge liegen wirklich in der Luft und wir hätten das Potential, sie sinnvoll zu nutzen. Dazu braucht es natürlich Kraft, welche wiederum durch ein gutes Selbstwertgefühl entsteht. Und das ist der entscheidende Faktor.

Die zur Zeit vorherrschende Unzufriedenheit der armen und reichen Menschen ist ein riesiger Hemmschuh und wird bedingt durch Neid, Konkurrenzdruck, Gefühlskälte sowie Isolation in der Masse. Im Gegensatz dazu müssen wir umgehend harmonische Zusammenarbeit, Toleranz, Mitgefühl und liebende Güte entwickeln.

Wenn es uns gelingt, unsere individuellen, künstlichen Scheinwelten abzubauen und die natürlichen Bedürfnisse unseres Körpers nach Ruhe, Entspannung und Harmonie neben der nötigen Arbeit zu befriedigen, dann bekommen wir ein gutes Selbstwertgefühl. Dann haben wir die Kraft, die in der Luft liegenden Dinge zu erkennen, anzupacken und begangene Fehler zu korrigieren.

Es ist wichtig zu akzeptieren, daß nicht alle Fragen beantwortet werden können. Eine Antwort ergibt sich oft erst, wenn die Zeit dafür reif ist. Daher müssen wir unser menschliches Intelligenzpotential jetzt dazu nutzen, endlich zu handeln, statt Dinge ständig in endlosen Diskussionen zu zerreden. Und statt der immer wieder aufgetischten Lügen - genannt Ausreden, Ungenauigkeiten - müssen Fehler sowie Unwissenheit offen zugegeben und über erkanntes Wissen ehrlich aufgeklärt werden.

Ebenso habe ich versucht, dieses Buch wahrheitsgetreu niederzuschreiben. Sollten mir dennoch durch mein subjektives Erinnerungsvermögen einige Fehler unterlaufen sein, bitte ich Beteiligte, dies zu entschuldigen und mir mitzuteilen.

Die Antworten, die ich in der Ruhe, Wärme und Entspannung des *Retreats* erhalten habe, sind - wie Alles - nur relativ, vergänglich und gelten somit nicht ewig. Sie können aber jetzt helfen, unsere Konflikte zu lösen und die ernste Krise zu meistern, so daß wir wieder einen Sinn im Leben sehen!

Und dieser Sinn des Lebens ist ganz eindeutig und klar: unser irdisches Dasein muß von einem unauffälligen Wirken zur Stabilisierung der weltlichen Harmonie geprägt sein, so wie es alle anderen Lebewesen ohne Nachdenken an den Tag legen. Dazu bedarf es einfach einer ungekünstelten, naturbewußten Lebensweise! Denn die hilft nicht nur der Umwelt mit all ihren Daseinsformen, sondern ebenso unserer eigenen Natur, indem sie das Wohlergehen fördert und das Selbstwertgefühl stärkt!

Mein „Turbo"-Meditationsweg ist sicher kein Allheilmittel zur Erlösung dieser einzigartigen Menschheit, obwohl in unserer schnelllebigen Zeit sehr viele Individuen nach so einem Weg suchen. Eine damit mögliche Flucht ins *Nirvana* wäre egoistisch und würde nur Einzelnen nützen. Ab ins *Nirvana* ... und dann kann nach mir die Sintflut kommen. Dieser Gedanke entspricht natürlich nicht dem helfenden *Bodhisattva*-Weg, für den auch Guru Rinpoche steht.

Zudem ist Meditation nicht für jeden das Mittel der Wahl, um zu Ruhe, Entspannung und innerer Einsicht zu gelangen. Und es gibt zum Glück genügend andere Möglichkeiten der Energiearbeit. Aber sinnvoll angewandt, hat meine Technik ein unglaubliches Potential zur Bewußtseinsentwicklung und Transformation, das auch Padmasambhava zur Erlangung anders dimensionierter Ebenen genutzt hat.

Und so ist es dazu gekommen, daß meine Gedanken ver-rückt worden sind - auf eine andere Ebene. Dorthin, wo man die in der Luft liegenden Dinge schon erkennen kann, bevor man sie dann später hoffentlich begreift.

Ähnlich wie unsere so genannten Gebote, in denen wir alles nicht dürfen, wird *Nirvana* in einer Negationsform als Nichts bezeichnet. Dabei ist dieses unerklärliche Nichts ebenso gut Alles: Energie in vollendeter Harmonie! Erscheint eine derartige Beschreibung für diesen paradiesischen Zustand nicht genau so angemessen?

Alle, denen das unvergleichliche Glück beschieden war, eine Einsicht in diese unfaßbare Dimension *Nirvana* zu erhaschen, haben sie uneinheitlich beschrieben. Eine kollektive Normierung mit einem Nichts ist daher Vielen schwer verständlich für diese göttliche Urform.

Alles ist eins und ist somit auch in uns: *Nirvana*, Paradies, Gott, Allah, Buddha... In diesem Wissen sollte jeder einzelne Mensch die eigene Religiosität gemäß seiner kulturellen Tradition unterschiedlich ausüben, dabei aber selbstverständlich alle anderen anerkennen, achten und schätzen.

Trotz manch anspruchsvoller Details mußte ich dieses Buch einfach schreiben, um altes und neues Wissen mitzuteilen und vor allem, um aufzuklären. Nur wenn die Wahrheiten über den Sinn unseres Lebens auf diesem Planeten deutlich zu erkennen sind, können die Scheinwelten und die hiermit einhergehende Lethargie abgebaut werden.

Es ist daher - neben den anderen Forderungen - vorrangig und unerläßlich, daß viele Menschen ein wirklich sinnvolles, natur-bewußtes Leben entwickeln! Denn nur durch ein damit verbundenes friedliches Aufbegehren und eine Massenbewegung hin zu gesund erhaltenden, umweltverträglichen Produkten werden nachhaltige Veränderungen erfolgen. Dann könnte dieses Buch einer der letzten Tropfen gewesen sein, die das Faß zum Überlaufen bringen.

Laßt uns also endlich beginnen. Jeder einzelne Mensch muß seine Verantwortung für das Ganze tragen und diese auch konsequent in die Tat umsetzen. Wir haben es alle in der eigenen Hand und sollten dabei einfach nur auf unser Gewissen hören!

Eins ist nämlich eindeutig und mittlerweile so gut wie allen bewußt: wenn nicht umgehend Handlungen in Gang gesetzt werden für ein friedvolles, menschenwürdiges Über-Leben auf diesem Planeten, dann bricht unser Ast im Stammbaum der Evolution ab, wir finden einen schrecklichen Tod und unsere Epoche ist zu Ende.

Wir sind blind, Blinde, die sehen,
Blinde, die sehend nicht sehen.

José Saramago: Die Stadt der Blinden

Glossar

Anapanasati (Pali). Achtsamkeit beim Ein- und Ausatmen, Betrachten des Atems.

Arupa-jhana Tiefe Versenkung, in dem das Objekt immateriell oder formlos ist.

Avalokiteshvara (Sanskrit). Einer der bedeutendsten →Bodhisattvas im →Mahayana. Verkörpert den wesentlichen Buddha-Aspekt des Mitgefühls. Seine große Anzahl von Armen symbolisiert die Fähigkeit, jeder Situation entsprechend zum Wohle aller Lebewesen zu wirken. Schutzpatron Tibets, durch den Dalai Lama inkarniert.

Ayurveda (Sanskrit). „Das Wissen vom Leben". Altes naturheilkundliches System Indiens.

Ayya Khema (1923-1998). Kind jüdischer Eltern, Flucht nach China, 1949 US-Bürgerin, Ehefrau und Mutter. 1964 Farmleben in Australien. Viele Reisen. 1979 in Sri Lanka als Nonne ordiniert, gründete dort auf einer Insel ein Frauenkloster. Leiterin des Buddha-Hauses im Allgäu. Meditationslehrerin der →Theravada-Tradition in vielen Teilen der Welt.

Bhikshu (Sanskrit, Pali: Bhikkhu). Buddhistischer Mönch, der die volle Ordination erhalten hat. Nonne: Bhikshuni.

Bodhisatva (Sanskrit). Wesen, das durch die systematische Ausübung der Tugendvollkommenheiten die Buddhaschaft anstrebt, jedoch so lange auf das Eingehen ins vollständige →Nirvana verzichtet, bis alle Wesen erlöst sind.

Bön (Tibetisch). Sammelbegriff für die verschiedenen religiösen Strömungen in Tibet vor der Einführung des Buddhismus.

Bojjhanga Sieben geistige Faktoren des Erwachens

Chanting Chor-Rezitation heiliger →Pali-Texte.

Chödrön, Pema Tibetische Nonne, Leiterin des Klosters Gampo Abbey in Nova Scotia, Canada.

Chögyam Trungpa (1939-1987). Tibetischer Lehrer und Meditationsmeister. Gründete das erste tibetische Kloster außerhalb Asiens, Samye Ling in Schottland, außerdem das Naropa-Institut in Boulder, Colorado.

Citta-bhavana Entwicklung von Geist, Herz, Geist-Herz, Bewußtsein.

Coolness Gelassenheit, Bedächtigkeit, Gleichmut. Gelegentlich wird →Nirvana so ins Englische übersetzt.

Curry Saucengericht mit Fleisch, Fisch oder Gemüse.

Dharamsala Stadt im nordindischen Bundesstaat Himajal Pradesh. Sitz der tibetischen Exilregierung.

Dhamma (Pali. Sanskrit: dharma). Zentraler Begriff des Buddhismus, der in verschiedenen Bedeutungen verwendet wird: das kosmische Gesetz; die Lehre des Buddha; Verhaltensnormen und ethische Regeln; Manifestationen der Wirklichkeit.

Dosa (Pali). Haß. Eine der „Wurzeln des Unheilsamen".

Dukkha (Pali. Sanskrit: duhkha). Leiden, Leidhaftigkeit. Alles Bedingte, das Entstehen und Vergehen unterworfen ist. Zentraler Gedanke des Buddhismus.

Ekagatta (Pali. Sanskrit: ekagrata). Einspitzigkeit des Geistes.

Feldman, Christina Gibt seit über 20 Jahren weltweit Meditationskurse. Mitbegründerin des Gaia House Retreatzentrums in Devon/ England.

Geshe Tibetischer →Lama, der ein langjähriges Studium buddhistischer Philosophie abgeschlossen hat.

Initiation Einweihung. Benennt im allgemeinen eine Reihe von rituellen Handlungen, Verhaltensvorschriften und Unterweisungen, die eine radikale Umwandlung des sozialen und religiösen Status eines Individuums oder einer Gruppe inszenieren und gestalten.

Jhana Trance, Versenkung, Vertiefung, tiefe Konzentration.

Kilesa Herzenstrübungen, Beschmutzungen, Unreinheiten des Geistes.

Khema <Ayya> siehe Ayya Khema

Kontemplation Versenkung, Betrachtung, konzentriert-beschauliches Nachdenken.

Kornfield, Jack Lebte als Mönch in Thailand, Burma und Indien. Lehrt seit 1974 weltweit Meditation. Psychotherapeut und Gründungslehrer der Insight Meditation Society in Massachusetts und des Spirit Rock Meditation Center in Nordkalifornien.

Krishnamurti, Jiddu (1895-1986). Indischer Brahmane, Philosoph. Predigte einen Seelenfrieden, der durch intuitive Erfassung der Harmonie von All und Ich erreicht werden kann.

Kuti Einfache Mönchsbehausung.

Lama (Tibetisch). Meister im tibetischen Buddhismus, in dessen Kompetenz es liegt, Rituale zu lehren und auszuführen. Heute auch höfliche Anrede für jeden tibetischen Mönch, ungeachtet des Standes seiner geistigen Entwicklung.

Levitation Schweben durch Aufhebung der Schwerkraft.

Lobha Gier. Eine der „Wurzeln des Unheilsamen".

Mahayana (Sanskrit). Wörtlich: „Großes Fahrzeug". Eine der beiden großen Schulrichtungen des Buddhismus (neben Hinayana: „Kleines Fahrzeug"). Das Ideal ist die Erleuchtung, um zum Wohle aller wirken zu können. Auch Laien können das →Nirvana verwirklichen, wobei sie auf die tätige Hilfe durch Buddhas und →Bodhisattvas zählen können. Verbreitet in Tibet, Taiwan, Korea und Japan.

Mandi In Südostasien gebräuchliche Wasserbecken.

Mantra (Sanskrit). Eine kraftgeladene Silbe oder Folge von Silben, die bestimmten kosmischen Kräften und Aspekten der Buddhas Ausdruck geben. Die ständige Wiederholung wird als Form der Meditation geübt.

Metta (Pali). Etwa: „Liebende Güte"

Moha Wahn oder Verblendung. Eine der „Wurzeln des Unheilsamen".

Nirodha (Sanskrit). Aufhebung des Leidens, der Leidenschaften, der Wiedergeburt und sterblichen Existenz.

Nirvana (Sanskrit. Pali: nibbana). Wörtlich: „Verlöschen". Das Ziel spiritueller Praxis in allen Richtungen des Buddhismus. Ausscheiden aus dem Kreislauf der Wiedergeburten; vollkommene Überwindung der Drei Wurzeln des Unheilsamen; Fehlen von Entstehen, Bestehen, Veränderung und Vergehen; Erfahrung des Einssein mit dem Absoluten; Freiheit von Bindungen an Illusionen und Begierden.

Pali Indischer Dialekt, der sich vom →Sanskrit ableitet und in dem die kanonischen Texte des →Theravada abgefaßt sind.

Parinirvana (Sanskrit). Vollständiges Erlöschen, wird vielfach gleichgesetzt mit dem nachtodlichen →Nirvana.

Phad Thai Thailändisches Nudelgericht mit Reisnudeln, Sprossen und Erdnüssen.

Passaddhi Zurruhekommen des Geistes .

Piti Zufriedenheit, Befriedigung, Verzückung.

Retreat Meditationsphase in Zurückgezogenheit. Wird meist in vollkommenem Schweigen verbracht.

Samadhi (Sanskrit). Die Sammlung des Geistes auf ein einziges Objekt durch die (allmähliche) Beruhigung der Geistestätigkeit. Nicht-dualistischer Bewußtseinszustand, in dem das Bewußtsein des erfahrenen „Subjekts" mit dem erfahrenen „Objekt" eins wird.

Samsara (Sanskrit). Der „Kreislauf der Existenzen", eine Folge von Wiedergeburten, die ein Wesen innerhalb der verschiedenen Existenzweisen durchmacht, solange es nicht Erlösung erlangt hat und ins Nirvana eingegangen ist.

Sangha (Sanskrit). Die buddhistische Gemeinde. Im engeren Sinn Mönche, Nonnen und Novizen, im weiteren Sinn zählen auch die Laienanhänger dazu.

Sanskrit Die heilige Sprache der Hindus, da alle religiösen Schriften in Sanskrit verfaßt wurden.

Sukha Freude, Glück, Glückseligkeit.

Suzuki Daisetsu Teitaro (1870-1966). Japanischer buddhistischer Gelehrter, der als der im Westen bekannteste moderne Interpret des Zen wesentlich dazu beitrug, das Interesse für Zen im Westen zu wecken.

Taj Mahal Marmorpalast aus dem 14. Jh. im nordindischen Agra, als Grabmal vom Mogul-Kaiser Shajahan für seine Lieblingsfrau Mumtaz-i-Mahal gebaut.

Tantra (Sanskrit). Im Tibetischen Buddhismus Bezeichnung für verschiedene Arten von Texten, in erster Linie jedoch Oberbegriff für die Grundwerke des →Vajrayana und die von diesen beschriebenen Meditationssysteme.

Teaching In diesem Kontext: religiöse Unterweisung.

Thangka Rollbild im tibetischen Buddhismus, deren größte Bedeutung die Hilfe bei der Visualisierung ist.

Theravada (Pali). Wörtlich: „Lehre der Ordensältesten". Hinayana-Schule. In den südasiatischen Ländern Sri Lanka, Burma, Laos, Kambodscha, Thailand verbreitet.

Thich Nhat Hanh (geb. 1926). Vietnamesischer Zen-Meister, seit seinem 16. Lebensjahr Mönch. Verfechter des gewaltfreien Widerstands, was zum Verbot der Wiedereinreise nach Vietnam führte. Gründer des südfranzösischen Retreatcenters Plum Village. Vertreter des „Engagierten Buddhismus". Seit 1983 regelmäßig Seminare zur Kunst des achtsamen Lebens in den USA und Europa. Mehrfach für den Friedens-Nobelpreis vorgeschlagen.

Trance Eine verbindliche einheitliche Definition hat sich bisher nicht durchgesetzt. Für die Hypnose bedeutet es: Zustand fokussierter Wahrnehmung intensiven inneren Erlebens.

Tsogyal, Yeshe (757-817). Spirituelle Gefährtin Padmasambhavas. Verfasserin seiner Biographie. Wird auch „himmlische Tänzerin" genannt.

Upekkha (Pali). Gleichmut, eine der wichtigsten buddhistischen Tugenden.

Vajrayana (Sanskrit). Wörtlich: „Diamant-Fahrzeug". Eine sich um die Mitte des 1. Jahrtausends vor allem in Nordindien konstituierende Schulrichtung des Buddhismus, die Elemente alter Naturreligionen, des Yoga und →Tantra mit dem →Mahayana verband.

Vicara (Sanskrit). Wörtlich: Unterscheidung, Prüfung, Ergründung. Alle materiellen und geistigen Probleme müssen erforscht und ergründet werden.

Vipassana (Pali). Einsicht; intuitives Erkennen der Drei Merkmale des Daseins, nämlich der Vergänglichkeit, der Leidhaftigkeit und Unpersönlichkeit aller körperlichen und geistigen Erscheinungen.

Viraga Das Aufbrechen, die Auflösung und das Verschwinden von Anhaftung.

Viriya (Pali). Energie, die der unermüdlichen Anstrengung zugrunde liegt, Heilsames entstehen zu lassen und Unheilsames zu vermeiden.

Vitakka Bemerken eines Objekts durch den Geist.

Voodoo Mit Geisterglauben verbundener Kult auf Haiti, der auf westafrikanische Riten zurückgeht und mit christlichen Elementen zu einer eigenen Religion verschmolzen ist.

Literaturhinweise

- Asimov, Isaac: Die exakten Geheimnisse unserer Welt. Kosmos, Erde, Materie, Technik. München: Knaur, 1993.

- Buddhadasa Bhikku: The A, B, C of Buddhism. The Discourse on Mindfulness of Breathing. Chaya (Thailand), 1982.

- Faber, Stephanie: Tibetisches Tagebuch. München: Heyne, 1996.

- Hawking, Stephen: Das Universum in der Nußschale. Hamburg: Hoffmann und Campe, 2001

- Jasmuheen: Lichtnahrung. Die Nahrungsquelle für das kommende Jahrtausend. Burgrain: KOHA-Verlag, 1997.

- Khema <Ayya>: Buddha ohne Geheimnis. Die Lehre für den Alltag. 7. Aufl. München: Theseus, 1996.

- Kornfield, Jack: Das Tor des Erwachens. München: Kösel, 2001

- Lexikon der östlichen Weisheitslehren. München: Barth, 1986.

- Padmasambhava: Die Geheimlehre Tibets. Hrsg. von Karl Scherer. München: Kösel, 1998.

- Redfield, James: Die Prophezeiungen von Celestine. München: Heyne, 1994.

- Saramago, José: Die Stadt der Blinden. Reinbek: Rowohlt, 1997.

- Schumann, Hans Wolfgang: Mahayana-Buddhismus. Das Große Fahrzeug über den Ozean des Leidens. München: Diederichs, 1995

- Sogyal Rinpoche: Das tibetische Buch vom Leben und vom Sterben. Ein Schlüssel zum tieferen Verständnis von Leben und Tod. München: Barth, 1994.

- Das Tibetische Totenbuch oder Das Große Buch der Natürlichen Befreiung durch Verstehen im Zwischenzustand. Neu übers. und kommentiert von Robert A.F. Thurman. Frankfurt/M.: Krüger, 1998.

- Tsogyal, Yeshe: Der Lotusgeborene im Land des Schnees. Wie Padmasambhava den Buddhismus nach Tibet brachte. Frankfurt/M.: Fischer Taschenbuch Verlag, 1996.